www.tredition.de

AF196330

Adolf „Adi" Katzenmeier (1934 – 2016) war Mannschaftsmasseur bei Eintracht Frankfurt, bevor ihn Sepp Herberger 1963 zum Deutschen Fußball-Bund holte. Katzenmeier betreute dort zunächst die Juniorenteams sowie die Amateur- und Olympiaauswahl. Zur WM 1974 in Deutschland wurde er dann Masseur der Nationalmannschaft. 2008 beendete Katzenmeier seine Arbeit nach 45 Dienstjahren beim DFB und 34 Jahren im Einsatz für die Nationalelf.

Christoph Fuhr war mehr als 30 Jahre Redakteur bei der Ärzte Zeitung (Springer Medizin). Er lernte Adi Katzenmeier 2010 bei der gemeinsamen Arbeit an einem Buch über Verletzungen kennen, das sie zusammen mit dem Chirurgen Professor Hannes Wacha veröffentlicht haben. (Wacha/Katzenmeier/Fuhr: Typische Fußballverletzungen. Vermeiden und effektiv behandeln. Aachen 2010).

Adolf Katzenmeier

mit Christoph Fuhr

Die Weltmeister
auf meiner Massagebank

Erinnerungen an 45 spannende Jahre
als Masseur der besten Kicker Deutschlands

www.tredition.de

© 2020 Sylvia Katzenmeier

Co-Autor: Christoph Fuhr

Verlag & Druck: tredition GmbH, Halenreie 40-44, 22359 Hamburg

Coverfotos: imago-sportfotos/Ulmer; DFB/Getty Images

Titelfoto: Berlin, Fanmeile nach der Euro 2008: Lukas Podolski, Adolf Katzenmeier, Bastian Schweinsteiger (von links).

ISBN
Paperback: 978-3-347-15498-8
Hardcover: 978-3-347-15499-5
e-Book: 978-3-347-15500-8

Inhaltsverzeichnis

„Der Junge heißt Beckenbauer"

Es war im Jahr 1965, als ich als junger Masseur die A-Jugend-Nationalmannschaft mit Trainer Dettmar Cramer bei einem Turnier in den Niederlanden betreuen durfte. Als ich wieder nach Hause kam, fragte mein Bruder Karl mich, wie es denn gelaufen sei. „Ich habe da einen jungen deutschen Spieler gesehen, der ein unglaubliches Talent hat und mit Sicherheit mal ein ganz Großer wird", wagte ich zu prophezeien. „Wer ist das?", wollte Karl wissen. „Der Junge heißt Franz Beckenbauer", sagte ich – und heute weiß jeder, dass ich mit meiner Prognose recht behalten sollte.

Unendlich viele Spieler habe ich in vielen Jahren für den DFB betreut – bei Franz allerdings gibt es eine Besonderheit. Ich stand bei den absoluten Highlights seiner an Höhepunkten reichen Fußballerkarriere unmittelbar am Spielfeldrand. 1974, als Deutschland mit Kapitän Beckenbauer die Niederlande bei der WM im eigenen Land im Endspiel in München besiegte, und 1990, als Franz als Teamchef nach dem Sieg im WM-Endspiel gegen Argentinien in Rom den berühmten FIFA-Pokal erneut in den Händen halten konnte.

Wenn ich mein Leben als Masseur des Deutschen Fußball-Bunds im Nachhinein Revue passieren lasse, dann tue ich das mit großer Dankbarkeit für eine tolle Zeit - für an die 1000 Länderspiele, die ich für unterschiedliche DFB-Nationalmannschaften an der Seitenlinie mit meinem Massagekoffer bereitstand. Höhen und Tiefen habe ich erlebt, grandiose Siege und schlimme Niederlagen, grenzenlose Freude nach großen Erfolgen, aber auch dramatische Situationen, wie nach dem Terroristenanschlag auf das Olympische Dorf 1972 in München.

Nicht alles von dem, was ich aufgeschrieben habe, ist chronologisch oder gar vollständig. Manche Phasen meiner Arbeit - wie etwa die Fußball-WM 1974 in Deutschland - nehmen in meinen Erinnerungen einen breiteren Raum ein als etwa andere, von denen man meinen könnte, dass sie doch eigentlich genau so bedeutend waren.

Ich beschäftige mich im Rückblick auch nicht mit all den Sportstars, die nicht vom Fußball kamen und die ich doch gerne behandelt habe: Springreiter Alwin Schockemöhle zum Beispiel, die Fechterin Cornelia Hanisch, Eislaufstar Marika Kilius oder Turn-Weltmeister Eberhard Gienger, um nur einige zu nennen.

Wenn man über Jahrzehnte ganze Generationen von Fußball-Nationalspielern massiert hat, dann hat man natürlich auch viele sehr persönliche, private Details aus dem Leben der Jungs erfahren. Immer wieder wurde ich von Vertretern der Medien angerufen, ob ich dies oder jenes verraten könne, was hinter den Kulissen passiert war. Wirkliche persönliche Geheimnisse, die mir anvertraut wurden, habe ich nie preisgegeben. Das gehört sich nicht.

Am Ende überwiegt die Freude und auch ein wenig Stolz, dass ich über Jahrzehnte an vielen Schauplätzen immer dann mit dabei sein durfte, wenn deutsche Fußballgeschichte geschrieben wurde. Und ich bin immer wieder gerne zurückgekommen nach Frankfurt am Main, meiner Heimatstadt. Sie ist das Zentrum meines Lebens. Hier bin ich geboren und aufgewachsen. Hier habe ich mein berufliches und privates Glück gefunden, meine Frau Sylvia kennen gelernt, mit der ich zusammen die Physiotherapie-Praxis betrieben habe. Hier habe ich wunderschöne Stunden bei der Eintracht und beim DFB erlebt, aber auch die dunklen Seiten – besonders als kleiner Junge bei den Bombenangriffen im März 1944.

Kindheit im Zeichen des Kriegs

Ich war ein Kriegskind und wurde im November 1934 in Frankfurt am Main geboren. Mein Bruder Karl war drei Jahre älter als ich. Wir hatten einen weiteren Bruder, Hansi, der 1944 bei einem schweren Unfall am Feldberg im Taunus ums Leben kam. Beim Schlittenfahren mit einer Gruppe vom Winterhilfswerk stürzte er so schwer, dass er an inneren Blutungen starb. Alle Krankenhäuser waren schon zerstört, Hilfe gab es nicht. Ich durfte nicht mit zur Beerdigung gehen, ich sei noch zu klein, hieß es. Hinterher wurde in der Familie nicht mehr über meinen großen Bruder geredet. Ich habe lange Zeit darunter gelitten, denn er fehlte mir sehr.

Mein Vater war als Sohn eines Gastwirts 1889 im Odenwald auf die Welt gekommen, für die Arbeit meines Opas am Tresen hatte er sich aber nie interessiert. Er wurde Fußpfleger und ging nach Frankfurt. Meine Mutter, Jahrgang 1898, stammte aus der Rhön. Sie hatte sechs Geschwister und machte nach der Schulzeit eine Ausbildung als Köchin. Dann fand sie Arbeit in einem Spitzenhotel in Wiesbaden. An einem ihrer freien Tage fuhr sie nach Frankfurt. Mein Vater wurde auf sie aufmerksam, weil sie auf einer Bank saß und weinte. Sie hatte starke Zahnschmerzen. Vater brachte sie zu einem Zahnarzt. Sie wurden ein Paar, heirateten und gründeten in Frankfurt eine Familie - unsere Familie. 1940 wurde ich eingeschult, von den fürchterlichen Ereignissen, die der Krieg bringen würde, war damals noch nicht viel zu spüren.

Natürlich waren wir Jungs in der Straße begeisterte Fußballspieler. In der Zeit vor dem Ausbruch des Krieges hatte wir sogar noch einen richtigen Ball. Doch den gab es irgendwann nicht mehr. Nach dem Krieg hat uns meine Mutter einen Ball in der Größe eines Tennisballs angefertigt, in den sie einfach Stoffreste hineindrückte und dann vernähte. Doch noch war diese fürchterliche Zeit des Mangels nicht abzusehen. Wir spielten also auf einem Gelände neben der Rothschild-Allee, die damals noch Karolinger-Allee hieß. Der Platz lag gegenüber von unserem Haus. Ein Gebüsch versperrte die Sicht zur Straße.

Der Mann mit den Springerstiefeln

Eines Tages tauchte dort plötzlich beim Kicken ein Mann im Ledermantel und mit Springerstiefeln auf, sein Blick war böse und abweisend, ein komischer Kauz. „Haut ab hier", rief er, „ich will euch nicht mehr sehen." Wir fragten nach, wollten eine Begründung, aber er war nur wütend und reagierte aggressiv. Etwa zwei Stunden später beobachtete ich von unserem Haus aus, dass viele von Sicherheitsleuten der Nazis bewachte Menschen mit gelben Sternen durch die Anlage geführt wurden. Das also war der Grund gewesen, dass wir verjagt worden waren. Dass sich die unerträgliche Situation für jüdische Mitbürger in unserer Stadt mit den vielen Schikanen und der Deportation dramatisch verschärfte, bekam ich als Kind, abgesehen von dem Erlebnis beim Fußball, nicht mit. Mein Vater behandelte auch jüdische Patienten. Er wäre deshalb beinahe ins Gefängnis gekommen und wurde sogar vorgeladen. Beim großen Bombenangriff 1944 behandelte er einen prominenten jüdischen Rechtsanwalt. Wenn der Krieg vorbei ist, baue ich ihnen ein Sanatorium, hatte er meinem Vater versprochen. Dazu sollte es nicht mehr kommen. Auch dieser Mann wurde ein Opfer des Nazi-Terrors.

Die Schulen in Frankfurt waren bis März 1944 geöffnet. Dann kamen diese schlimmen Tage, in denen meine Heimatstadt dem Erdboden gleichgemacht wurde. Zwischen dem 18. und 25. März 1944 wurde die gesamte Altstadt von Frankfurt komplett zerstört, über 2000 Flugzeuge waren im Einsatz, über zwei Millionen Brandbomben und knapp 4000 Sprengbomben und Luftminen wurden abgeworfen. Eine schrecklich Bilanz mit 1800 Toten, unzähligen Verletzten und 180.000 Obdachlosen. Frankfurt wurde dem Erdboden gleichgemacht.

Ich hatte keine Schule an diesem 18. März 1944, Vater war bei der Arbeit, ich war mit meiner Mutter allein zuhause. Dann kam der Fliegeralarm. Die Wolken lagen tief an diesem Tag, der Himmel regenverhangen, die Flak konnte die ankommenden Flugzeuge nicht erkennen. Wir mussten in den Keller. Die Koffer waren gepackt, wir standen im Flur. Die Tür geht auf. Mein Bruder kommt rein, er ist von der nahegelegenen Schule nach Hause gerannt, solange die Luftschutzsirenen heulten, war das von der Schulleitung erlaubt. Dann gibt es einen fürchterlichen Schlag. Die Haustür kracht aus ihren Angeln, wir fliegen fast durch die Kellertür. Das Licht geht aus. Wir stolpern im Dunkeln die Kellertreppen hinunter. Unten brennt eine Kerze. Taschenlampen und Batterien gibt es schon lange nicht mehr. Wir berappeln uns und finden erst einmal Platz. Unsere Petroleum-Lampe bringt ein wenig mehr Licht ins Dunkel.

Es gibt dann Durchsagen: Feindliche Bomber im Anflug auf Frankfurt am Main, „wir bitten um luftschutzmäßiges Verhalten." Später heißt es, die Flieger drehen ab nach Kassel, aber der Schein trügt. Schließlich knallt es nur noch, ich weiß nicht mehr wie lange, eine bedrückende und beängstigende Situation. Kommen wir hier wieder raus? Wir fürchten um unser Leben.

Man kann sich das alles nicht vorstellen. Das Schlimmste für mich war, dass ich eine Gasmaske aus Gummi tragen musste, die im Gesicht höllisch brannte. Dann gab es erneut einen fürchterlichen Schlag und eine ungeheure Druckwelle. Hinterher stellte sich heraus: zwei Luftminen waren schräg gegenüber von unserem Doppelhaus detoniert. Jetzt sind wir verschüttet, dachten wir, doch wir hatten Glück gehabt. Unser stabiles Treppenhaus hatte sich von der Wucht der Detonation angehoben, ich bin sicher, wären wir in einem Einzelhaus gewesen, dann wären wir tatsächlich verschüttet worden.

Einige Männer krabbelten ins Freie, der Dachstuhl unseres Hauses brannte zwar lichterloh, konnte dann aber gelöscht werden. Raus, nur noch raus, wir hatten überlebt. Doch Frankfurt stand in Flammen.

Nach dem verheerenden Bombenangriff schlossen 1944 die Frankfurter Schulen. Alles war zerstört, an einen halbwegs regulären Unterricht war nicht mehr zu denken.

Meine Mutter bekam eine Mitteilung, sie möge sich auf der Kommandantur einfinden. Sie wurde dort unterrichtet, dass meine ganze Klasse Frankfurt verlassen werde – ab nach Polen, in die Sicherheit". Aber was für eine trügerische Sicherheit sollte das wohl sein? Mutter fiel aus allen Wolken. Sie war gelernte Köchin und Krankenschwester, mein Vater war Fußpfleger, Masseur und Heilpraktiker, sie wurden beim Wiederaufbau gebraucht und durften, wie viele andere auch, auf Anordnung Hitlers die Stadt nicht verlassen. „Wenn wir bleiben müssen, dann bleiben unsere Kinder auch, und damit basta", stellte meine Mutter klar und zeigte sich fest entschlossen, gegen eine Zwangsverschickung zu kämpfen.

Mutters forsches Verhalten war alles andere als ungefährlich. Es herrschte viel Willkür in diesen Tagen, die Sache hätte auch schiefgehen können. Die Fahrt nach Polen sollte 14 Tage später losgehen, Mutter wurde kurz vorher noch einmal vorgeladen. Diesmal war's aber ein anderer Sachbearbeiter, den sie mit ihrer klaren Botschaft konfrontierte. „Was wollen Sie denn mit ihren Kindern machen", fragte er, „wenn Sie selbst ein Opfer der Bombardierungen werden?" „Ich bin in der Rhön geboren, ich habe sechs Geschwister dort, wenn mir, meinem Mann oder uns beiden in Frankfurt etwas passiert, dann werden meine Jungs in der Rhön eine neue Heimat finden", sagte meine Mutter.

Das schien den Mann dann endgültig überzeugt zu haben. „In Gottes Namen, ich gebe Ihnen die Genehmigung", soll er gesagt haben. Mir und meinem Bruder blieb somit die Fahrt ins Ungewisse nach Polen erspart. Von meinen Schulkameraden von damals habe ich danach nie mehr irgendeinen getroffen. Alles lief auseinander. Ich mag nicht über ihr Schicksal nachdenken. Das war ein tiefer Einschnitt, der mein Leben veränderte – und was wäre wohl gewesen, wenn meine Mutter nicht so vehement gekämpft hätte.

1945 war der Krieg vorbei. In der Schlussphase mussten wir dann doch noch die Stadt verlassen. Unsere Mutter schickte mich und meinen Bruder Karl in die Rhön. Ich lebte eine Weile bei meiner Tante Maria in Parzell im Kreis Hünfeld, Karl war bei einem Onkel untergebracht, in Steinbach, einem Dorf etwa sechs Kilometer entfernt. Die Amerikaner waren in Deutschland bereits weit vorgerückt, es ging dem Ende entgegen. Dennoch mussten wir am Schulunterricht in einem Nachbardorf teilnehmen. Das bedeutete jeden Tag einen Kilometer Fußweg hin und wieder zurück. Mittlerweile flog die US-Army Bombenangriffe auf Kassel, und dann kam es, wie es kommen musste – ich wurde auf dem Weg von der Schule zusammen mit anderen Dorfjungs aus einem Tiefflieger beschossen. Ein Junge rief: „Auf in den Eichenwald!" Wir rannten los, gingen unter den Bäumen in Deckung und konnten unversehrt entkommen.

Ein gigantischer Feuerball

Was wir nicht wussten: Nicht sehr weit weg vom Dorf hatten die Deutschen auf einem Gleis einen Munitionszug versteckt. Den spürten die Amerikaner auf und warfen

Bomben. Ein Wagen nach dem anderen flog in die Luft. Ein gigantischer Feuerball war zu sehen und der Wald brannte lichterloh. Wir hatten die Nase voll vom Krieg, es reichte!

Trotz dieser bewegenden Erlebnisse war es von unseren Eltern klug gewesen, uns aufs Land zu schicken. Der Krieg war vorbei, und jetzt wollten wir wieder nach Hause, zurück in die Heimat, und das so schnell wie eben möglich.

1946 fuhr dann der erste Zug wieder von Fulda nach Frankfurt. Karl hatte das schnell mitbekommen. Der Onkel lieh sich ein Auto bei einem Omnibusbetrieb und brachte uns nach Fulda. Am Bahnhof war der Teufel los, wir waren etwas zu spät gekommen, der Zug war rappelvoll. Auch zwischen den Waggons saßen und lagen Leute, an einen Platz im Inneren war nicht zu denken.

Doch wir hatten Glück. Unmittelbar vor uns stand völlig überraschend ein Paar murrend von einem Trittbrett auf und ging weg. Das war unsere Chance. Karl und ich setzten uns auf das Trittbrett. Der Zug fuhr los – im Schritttempo, unendlich langsam. Immer wieder hielt er an. Mit Geigerzählern kontrollierten Männer, ob es versteckte Bomben am Bahndamm geben könnte. Es dauerte sage und schreibe acht Stunden, bis wir in Frankfurt ankamen. Egal, endlich wieder zu Hause. Die Freude war groß, und der Krieg war vorbei. Jetzt konnte es nur noch aufwärts gehen.

Vor dem Krieg war die Schwester meiner Mutter in die USA ausgewandert. Sie hatte einen Amerikaner geheiratet und lebte in Rochester im Bundesstaat New York. Nach dem Ende des Kriegs versuchte sie sofort über das Rote Kreuz Kontakt zu uns aufzunehmen. Das gelang und meine Tante schickte dann fast jeden Tag Pakete, die am Westhafen ankamen. Mein Bruder, mein Vater und ich sind immer wieder dorthin gegangen, um neue Pakete abzuholen. Es war für uns ein großes Glück, dass wir in dieser Zeit immer genügend zu essen hatten – unsere Tante leistete dazu solidarisch von Amerika aus einen wichtigen Beitrag.

Endlich wieder Fußball

Wir Jungs mussten uns neu orientieren. Unser Bewegungsdrang war groß und wir sehnten uns nach einer Möglichkeit, endlich wieder Fußball zu spielen. Einen auch nur halbwegs geeigneten Ball aber gab es nicht mehr. Meine Mutter sah unsere Not, sie fertigte ein Spielgerät, das die Größe eines Tennisballs hatte, den stopfte sie voll mit Stoffresten. Wir waren glücklich, wir spielten und spielten und vergaßen die Zeit.

Zwischenzeitlich wurde mein fußballerischer Ehrgeiz allerdings harsch gebremst. Ich wollte bei einen Spiel einen Tennisball stoppen, drehte mich und knallte dann voll gegen einen Baum. Ich hatte mir eine üble Verletzung an der Halswirbelsäule zugezogen, wurde geröntgt und bekam danach wochenlang von einem Orthopäden Spritzen im Bereich der HWS verpasst. An das fürchterliche Knirschen kann ich mich noch heute erinnern. Mein Drang zum Fußball war gebremst – aber nur vorübergehend.

Der Vater meines besten Freundes war Malermeister, der bekam beim Wiederaufbau viele Arbeitsaufträge. Eines Tages landete er bei einem begüterten Frankfurter Bürger, machte dort offenbar einen sehr guten Job und durfte dann einen besonderen Wunsch äußern. Er hatte einen Lederball entdeckt. Den sollen Sie gerne bekommen, sagte der reiche Mann. Am Heiligabend kam die Lederkugel, noch vor der Bescherung. Wir spielten und spielten und vergaßen die Heilige Nacht, kamen zu spät in die Kirche, ernteten ein Donnerwetter. Egal, es ging um Fußball, wir wollten kicken. Nach der Schule, am liebsten auch noch vor dem Unterricht, spielten wir auf dem Bürgersteig, gegen Mannschaften aus anderen Straßen, ja, selbst in einem großen Bombentrichter mitten im Güntersburgpark bolzten wir, dass die Schwarte krachte. Irgendwann legte sich dann die Euphorie – meine Kumpels schlossen sich anderen Mannschaften an, und ich habe es dann genauso gemacht.

Karriere bei der AOK? Lieber nicht!

Nach dem Krieg eröffneten in Frankfurt nach und nach die Schulen und der Unterricht wurde wieder aufgenommen. Es war ein ständiges Kommen und Gehen, viele Kinder mussten quasi über Nacht die Schulen wechseln, es gab eine große Fluktuation.

Ich ging dann schließlich in eine Mittelschule. Irgendwann sah mein Vater aber Handlungsbedarf: „Du bist zu alt", sagte er, „du musst jetzt sehen, dass du eine Ausbildung machst." Zu seinen Patienten in der Massagepraxis gehörte ein Mann aus dem AOK-Vorstand. Den fragte er, ob ich eine Chance hätte, im Bereich der Sozialversicherung zu arbeiten. Ein Volltreffer. Kurze Zeit später kam die Zusage. Ich hatte eine Aufnahmeprüfung in Fernwald bei Gießen bestanden – und damit begann für mich ein neuer Lebensabschnitt. Ich machte die dreijährige Lehre bei der AOK als Verwaltungsangestellter und saß nach Abschluss der Prüfung in Frankfurt noch zwei Jahre am Schalter.

So recht glücklich war ich mit dieser Arbeit im Grunde genommen nicht, aber ich hielt es strategisch für klüger, meine Unzufriedenheit in unserer Familie nicht groß zum Thema zu machen. Es war die Nachkriegszeit, wir alle mussten unser Leben neu sortieren – und ich wollte auch nicht undankbar sein. Es gab viele Gleichaltrige, deren Lebensbedingungen ungleich schwieriger waren als meine eigenen.

Mein Vater allerdings schien meinen wachsenden Frust bemerkt zu haben. Er hatte mit Blick auf meine berufliche Zukunft ohnehin andere Ideen und versuchte mich für den Beruf des Masseurs zu begeistern.

Vater ging dabei sehr strategisch vor. Öfter mal durfte ich ihn bei Patientenbesuchen begleiten. Ich war neugierig und bekam mit der Zeit einen recht guten Überblick über seine Arbeit.

Vater hatte eine besondere Begabung. Er mobilisierte Menschen mit Lähmungserscheinungen nach Schlaganfällen. Ich erinnere mich noch an einen Mann mit Lähmung, der nach 14 Tagen wieder stehen konnte. Immer wieder hielt er sich an einem Stuhl und an der Lehne fest. Mein Vater zog an den Stuhlbeinen, so quälten sie sich Schritt für Schritt, und das Therapiekonzept ging mit viel Geduld am Ende auf.

Heilpraktiker und Wünschelrutengänger

Mein Vater war auch ein Heilpraktiker und Magnetopath. Und er war Wünschelrutengänger. Bei meiner Ausbildung nach dem Krieg ließ er mich öfters mal mit einer Wünschelrute über den Gang in der Wohnung laufen. Wenn er selbst das Gerät in die Hand nahm, dann spürte man das Gefühl einer unglaublichen Kraft, die in ihm ausgelöst wurde – sie schien ihn geradezu auf den Boden zu drücken.

Es wirkte dann fast so, als hätte er einen Anfall bekommen. Meiner Mutter hat das nie gefallen, ihr war die
ganze Sache nicht geheuer. „Werft das Ding weg", sagte
sie immer, „ich will es nicht mehr sehen." Ich habe später
nie ernsthaft ausprobiert, ob die Wünschelrute auch bei
mir eine ähnliche Kraft wie bei meinem Vater auslösen
würde. Vielleicht habe ich dabei immer die Ablehnung
meiner Mutter gespürt und mich deshalb an ihren Wunsch
gehalten.

Die spannenden Einblicke in die Berufswelt meines Va-
ters blieben nicht ohne Folgen. Ich war tatsächlich neugierig auf den Masseurberuf geworden. Hinzu kam, dass
auch meine Mutter keinen Zweifel ließ und mich bestä-
tigte. „Das ist eine Arbeit, die zu dir passt", sagte sie. Am
Ende war es so weit: Ich musste mich nicht breitschlagen
lassen, sondern war absolut überzeugt von meinem weiteren Berufsweg. Ja, ich wollte Masseur werden. Eine
kluge Entscheidung, die ich im späteren Leben nie bereut
habe. Ich meldete mich in der Massageschule Friedrichs-
hain in Frankfurt am Main an, absolvierte die Ausbildung
und machte 1956 mein Staatsexamen.

WM 1954 – Wir sind wieder da!

Aus dem Hintergrund müsste Rahn schießen, Rahn schießt - und Toor!" Natürlich habe ich das WM-Endspiel von 1954 mit dem grandiosen 3:2-Sieg gegen Ungarn in Bern am Fernseher und Radio verfolgt – in einer Gaststätte in Frankfurt, und da war der Teufel los. Nach dem überwältigenden Sieg hieß es: Die Weltmeister kommen – im Sonderzug nach Frankfurt.
Bei der Rückkehr im Zug aus der Schweiz nach Deutschland war der Andrang der Menschen an allen Haltestationen überwältigend. Unser Land war aus der Lethargie der Nachkriegszeit erwacht. „Wir sind wieder da", das war die Botschaft. Der Teamgeist, der Fleiß, der Glaube an die eigenen Fähigkeiten, die Bereitschaft, Rückschläge zu verdauen und sich nicht entmutigen zu lassen – all das zeichnete diese Meistermannschaft von 1954 aus.

Ich stand also in der Menge und fieberte mit. Zunächst war gar nicht sicher gewesen, ob die Herberger-Truppe bei ihrer Triumphfahrt durch Deutschland tatsächlich auch an den Main kommen würde. Aber immerhin waren ja zwei Spieler unseres Teams echte Frankfurter Jungs. Alfred Pfaff, der Kapitän der Eintracht, und Richard Hermann vom FSV Frankfurt.

Die Weltmeister kommen

Die Polizei hatte große Probleme, den Ansturm in den Griff zu bekommen. Es müssen mehr als 100.000 Menschen gewesen sein, die sich an der Bahnhof-Südseite drängten. Eine Bühne war aufgebaut worden. Der hessische Ministerpräsident Georg August Zinn hielt eine Rede, und der Jubel hätte kaum größer sein können, als die Jungs den Pokal präsentierten. Aber als es dann immer enger wurde und man kaum noch Luft bekommen konnte, war mir die Sache nicht mehr geheuer. Ich bin dann gegangen, weil ich mich im Gedränge nicht mehr sicher fühlte.

Eines hätte ich mir damals nie im Leben träumen lassen. Dass ich nämlich selbst bei zwei weiteren Fußballweltmeisterschaften der deutschen Mannschaft dabei sein würde - 1974 in München und 1990 in Rom – nicht als Fan, sondern hautnah – unmittelbar an der Außenlinie, bereit für einen Einsatz als Masseur.

Und noch eines konnte ich zu diesem Zeitpunkt noch nicht absehen: nämlich, dass ich die Weltmeister von 1954 knapp zwei Jahre nach ihrem Erfolg selbst mal würde massieren dürfen. Und das kam so: Mein Vater, der ja selbst Masseur war, kannte damals schon Erich Deuser, den Masseur der Nationalmannschaft. Der wiederum wusste, dass ich vom Vater beim Massieren bereits viel gelernt hatte, obwohl natürlich meine Ausbildung noch lange nicht beendet war. Deuser fragte, ob ich ihm helfen könne, denn er benötige Unterstützung. Es war im

Jahr 1956, und ich weiß nicht mehr genau, wie der Gegner hieß, aber die Nationalmannschaft war vor einem Länderspiel der WM in einem Hotel in Hofheim bei Frankfurt untergebracht.

Ich fuhr also hin und massierte die Stars, die so grandios beim Endspiel in Bern aufgetrumpft hatten. Fritz und Ottmar Walter, Werner Liebrich, Horst Eckel, Hansi Schäfer, Toni Turek und Alfred Pfaff. Die Helden der Nation lagen auf meiner Massageliege, ein Wahnsinns-Erlebnis, wer hätte denn ahnen können, dass so etwas passieren würde.

Ich habe in den fünfziger Jahren auch einige Zeit selbst aktiv Fußball gespielt – als linker Läufer beim BSC 1900 Nordend in Frankfurt. Ich begann in der A-Jugend, machte weiter bei den Junioren und kickte schließlich auch eine Weile in der Reserve des Vereins, der damals sportlich in der Landesliga unterwegs war. Allzu lange war ich allerdings nicht aktiv. Das lag sicherlich auch daran, dass ich anderen Aktivitäten nachging, die allerdings durchaus etwas mit Fußball zu tun hatten.

Mein Vater war DRK-Mitglied, er nahm mich irgendwann nach meinem Examen abends mit zu einem Vortrag, den Physiotherapeut Masseur Etzold von Eintracht Frankfurt für das Deutsche Rote Kreuz hielt. Seine Botschaft: Wir brauchen Menschen, die medizinisch „angehaucht" und bereit sind, sich in Sportvereinen an Wochenenden als Betreuer zum Beispiel in Jugendmannschaften zu engagieren.

„Komm doch zur Eintracht!"

Das tat ich dann auch. Zuerst für eine Mannschaft der Deutschen Schlafwagengesellschaft im Stadtteil Preungesheim, die aktiv am Spielbetrieb teilnahm – allerdings war ich dort nur für eine kurze Zeit tätig. Ich hatte inzwischen auch Dr. Runzheimer, den Teamarzt der Eintracht, kennengelernt. Der fragte mich irgendwann 1957, ob ich nicht Lust hätte, für eines der Vereins-Teams tätig zu sein. Ich musste nicht lange überlegen und sagte zu – und so begann meine Zeit bei den Adlerträgern. Masseur Etzold hatte ich offenbar bald von meinen Qualitäten überzeugt. Er bat mich immer öfter, ihm bei der Betreuung der Profimannschaft zu helfen. Das funktionierte gut, und als dann die Eintracht in der Supersaison 1959/60 immer besser ins Rollen kam, war ich plötzlich drin im Geschäft – als zweiter Masseur, und die Arbeit machte mir richtig Spaß.

Viele Dinge liefen damals in meinem Berufsleben parallel. 1957 begann auch meine Arbeit an der Universitätsklinik, mein Vater hatte den Tipp erhalten, dass dort Urlaubsvertreter als Masseure gesucht würden. Ich bekam den Job in der Abteilung Unfall-Nachbehandlung und war kurz danach eingestellt – als Fulltime-Kraft. Von 1957 bis 1963 ist die Uniklinik mein Arbeitgeber gewesen. Ich bekam eine tolle Ausbildung, nahm immer wieder an Seminaren teil, lernte viel von Koryphäen wie Professor Edgar Ungeheuer und fühlte mich dort richtig wohl.

In dieser Zeit starb mein Vater, der immer ein frommer Mann gewesen war. Ich war streng evangelisch erzogen worden, in den Kindergottesdienst und später in den Konfirmandenunterricht gegangen. Vater war immer ein echtes Vorbild, er lebte seinen Glauben und betete auch regelmäßig am Mittagstisch. Als er an einem Karfreitag starb, war ich dabei. Eigentlich wollte ich noch meine Mutter rufen, aber es ging nicht. Ich saß an seinem Bett und fühlte mich so, als sei ich am Boden festgeleimt. Bis heute ist mir das unerklärlich. Vielleicht hat Vater mir in seiner Todesstunde etwas mit auf den Weg geben wollen.

Das Leben geht weiter, und für mich ging es jetzt darum, die Arbeit in der Uniklinik mit den ständig wachsenden Aufgaben als Fußball-Masseur zu koordinieren. Mein Dienst in der Uni dauerte jeden Tag von 8 bis 16 Uhr, dann fuhr ich nach Hause. Viermal pro Woche ging es danach zur Eintracht, dazu kam immer zusätzlich das Spiel am Wochenende. Ein strammes Programm.

Zwischendurch habe ich mir manchmal etwas Geld dazu verdient und auch privat Patienten behandelt. Der Kontakt zu den WM-Spielern von 1954 riss nie ab. Waren sie zufällig in Frankfurt, habe ich den einen oder anderen immer mal wieder massiert.

Bei der Eintracht arbeitete ich mit Teamarzt Runzheimer zusammen, da entstand mit der Zeit eine echte Freundschaft, eine tolle Kooperation, an die ich mich gerne zurückerinnere.

Meine Zeit bei Eintracht Frankfurt

Die Zeit von 1958-1960 war die große Ära von Eintracht Frankfurt. Sie gehört zu den absoluten Höhepunkten in der Fußballgeschichte meines Heimatlandes Hessen.

Das Endspiel um die deutsche Fußballmeisterschaft zwischen Eintracht Frankfurt und Kickers Offenbach im Berliner Olympiastadion im Juni 1959 ist später als „die Mutter aller Spiele" zwischen diesen beiden alten Rivalen bezeichnet worden. Das mag ein wenig übertrieben sein, aber die Konkurrenz zwischen den beiden Städten ist bis heute groß geblieben – und das gilt längst nicht nur für den Fußball.

Die Kickers waren durch einen spektakulären Schlussspurt ausgerechnet im Waldstadion ins Endspiel gekommen, ein Finale, das für sie eigentlich schon abgehakt gewesen war. Gegen Tasmania Berlin mussten sie im Halbfinale siegen und lagen bis wenige Minuten vor Schluss fast aussichtslos mit 0:2 hinten. Doch dann schlugen sie zurück – mit drei Toren innerhalb von kaum mehr als 200 Sekunden. Also: Eintracht Frankfurt gegen die Kickers, ein rein hessisches Endspiel am Sonntag, den 28. Juni 1959 im Olympiastadion Berlin.

Die Eintracht war Favorit, hatte mit Alfred Pfaff, Richard Kress, Istvan Sztani und Dieter Lindner begnadete

Kicker in ihren Reihen. Nach sage und schreibe 28 Spielen ohne Niederlage waren wir Süddeutscher Meister geworden und hatten echte Kantersiege gelandet – mit Trainer Paul Oßwald, der vor der Saison von den Kickers auf die andere Seite des Mains gewechselt war. Und ich war als junger Masseur an der Seitenlinie immer dabei gewesen. Gerade die letzten Partien der Endrunde waren grandios.

Wir gewannen in Köln mit 4:2 und fuhren dann zum FK Pirmasens. Ich erinnere mich noch an die Anfahrt zu diesem Spiel. Wir standen mit dem Bus im Stau und drohten zu spät anzukommen. Der Busfahrer sah dann eine Chance, an einer verbotenen Stelle eben mal schnell die Autobahn zu verlassen. Wir bretterten also mit abenteuerlicher Geschwindigkeit auf einer schlecht ausgebauten Holperstrecke parallel zur Autobahn und bogen am Ende des Staus wieder frech auf die Schnellstraße ein. Viel Zeit blieb nicht mehr. Die Jungs zogen sich im Bus schnell um. Nix da mit dem Warmmachen. Anpfiff, das Spiel lief problemlos, wir gewannen 6:2. Am Ende der Runde hatten wir 12:0 Punkte und 26:11 Tore. Was sollte da noch schieflaufen?

Die Mannschaft wohnte während der Endrundenspiele in der Sportschule beim Waldstadion. Paul Oßwald hatte klare Regeln vorgegeben. Bettruhe war immer um elf Uhr abends. Am nächsten Morgen gingen dann die meisten Spieler erstmal zur Arbeit, manche auch an die Uni. Nachmittags beim Training waren alle wieder zusammen. Eine große Familie – die von einem Sieg zum anderen marschierte.

Im Fanbus zum Finale

Ich war integriert im Team, ich war heiß und wurde von den Spielern respektiert. Also auf zum Finale nach Berlin? Pustekuchen, Herr Katzenmeier! Schon am Mittwoch vorher war die Eintracht in die alte Hauptstadt geflogen und hatte am Kleinen Wannsee ein Quartier bezogen, allerdings ohne mich. Zunächst sah es auch nicht danach aus, als ob ich mit dabei sein würde. Reichlich spät wurde ich dann doch noch angewiesen, zum Spiel nachzureisen – weil Mannschaftsarzt Dr. Runzheimer sich für mich eingesetzt hatte. Runzheimer war unglaublich verärgert, als er durch Zufall in einem Gespräch mit mir erfahren hatte, dass ich für das Spiel nicht eingeplant sei. Ich bekam akustisch mit, wie er den damaligen Eintracht-Geschäftsführer wütend anschrie. Und das hatte Folgen.

Also dann doch: ab nach Berlin in einem Fanbus der Eintracht – und das an einem Freitagabend um 22 Uhr. Weitere Details wurden mir nicht mitgeteilt, und genau diese Tatsache sollte mir noch große Probleme bereiten.

Ich packe also meine Masseur-Utensilien zusammen und begebe mich zur Haltestelle in der Frankfurter Innenstadt am Opernhaus, von dort beginnt die Fahrt. Im Bus ist über Stunden der Bär los – permanente Schlachtgesänge, der Alkohol fließt reichlich, Halligalli in allen Tassen - auf einer langen Fahrt durch die Ostzone, die einfach nicht vorbeigehen will.

Am Ende dauert die Anfahrt 16 Stunden, weil irgend-ein durchgeknallter Fan an der Grenze ein Busfenster aufmacht und mit einem Dreiklanghorn die Ostzonen-Grenzer verärgert. Macht keinen Blödsinn bei der Einreise, hatte unser Fahrer noch vorher eindringlich gewarnt. Und dann das.

Die Strafe folgte auf dem Fuß. Wir waren fast durch, hatten vielleicht noch vier oder fünf Fahrzeuge vor uns. Jetzt mussten wir uns in einer langen Schlange mit mindestens 20 wartenden Bussen als letzte wieder einordnen. Und später eintreffende Autos wurden immer wieder vorgelassen. Eine Schikane allerersten Güte, wir verlieren unendlich viel Zeit – satte zwei bis drei Stunden zusätzlich.

Meine Laune sinkt auf den Nullpunkt. Der Masseur einer Profimannschaft reist im Fanbus an – wo gibt's denn so etwas, habe ich mich damals gefragt. Aber es waren halt andere Zeiten als heute.

Am Ende kommen wir übermüdet in der Stadt an. Zwischendurch war im Bus gejubelt worden, weil im Radio gemeldet wurde, dass Erwin Stein von der SpVgg Griesheim 02 einen Vertrag bei der Eintracht unterschrieben hatte. Stein hatte zuvor schon in der Amateurnationalmannschaft seine Qualitäten als Torjäger unter Beweis gestellt. Eine große Verstärkung für die Adlerträger, wie sich später noch herausstellen sollte.

Berlin, wir sind da! Beim Aussteigen aus dem Bus realisierte ich, dass es ein Problem gab. Wohin um alles in der Welt sollte ich mich nun eigentlich begeben? Zum

Quartier der Mannschaft vielleicht? Handys gab es damals noch nicht, Telefonnummern in Berlin und mögliche Adressen als Anlaufpunkte hatte ich auch nicht. Ich laufe zum Kudamm, frage verunsichert Passanten. „Wissen Sie, vielleicht zufällig, wo die Eintracht logiert?" Dass die Mannschaft sich in der Stadt befindet, wissen viele. Aber wo? Stunden vergehen, meine Verunsicherung wird größer, schließlich orientiere ich mich an Fans, die schnurstracks in Richtung Olympiastadion marschieren. Dort werde ich wohl zum Team stoßen können.

„Ich will hier rein!"

Je näher wir ans Stadion kommen, um so voller wird es. Schließlich sind alle Frankfurter Schlachtenbummler weg, ich stehe allein in der Menge und gehe zu einem Kontrolleur an einem der vielen Eingänge. „Ich bin Masseur der Eintracht und will hier rein", sage ich. Der Mann schaut mich verständnislos an. „Weg hier, wenn du keine Karte hast, verschwinde, aber ganz schnell!" Ich wechsele den Eingang, probiere es erneut – mit dem gleichen Effekt. Immer und immer wieder versuche ich mein Glück, werde barsch abgewiesen und bekomme langsam eine Stinkwut im Bauch. Mein Güte nochmal, bin ich hier im falschen Film?

Ich will schon frustriert aufgeben, doch dann wird meine Beharrlichkeit belohnt: Es gelingt mir am Ende tatsächlich, einen Kontrolleur zu überzeugen: „Wenn mich jemand zur Kabine der Eintracht begleitet, dann kann ich beweisen, dass ich wirklich der Mannschaftsmasseur bin", sage ich. Na endlich – der immer noch skeptische Mann lässt sich auf meinen Vorschlag ein, ein Polizist komplettiert unser Trio. Wir marschieren also auf den noch spärlich besetzten Stehplatzrängen in Richtung Eintracht-Kabine, als plötzlich Istvan Sztani auftaucht, der zum Warmlaufen auf den Rasen geht. „Mensch Adi, wo bleibst du?", ruft er von unten und winkt mir zu. „Wir warten schon auf dich." Ich habe es geschafft – ich bin bei der Mannschaft angekommen.

Sztanis schnelles Tor

Anpfiff, es kann losgehen. Der begnadete Exil-Ungar Sztani findet viel schneller ins Endspiel als alle anderen Akteure auf dem Rasen. Bereits nach 20 Sekunden erzielt er auf Flanke von Richard Kreß das 1:0. Ein turbulenter Auftakt. Die Kickers kontern eiskalt, in der 7. Minute trifft Berti Kraus zum 1:1. Sechs Minuten später die erneute Führung durch Feigenspan, die Kickers schlagen zurück, gleichen durch einen Treffer von Preisendörfer aus, Halbzeit, 2:2, nichts ist entschieden.

In der zweiten Hälfte ist die Eintracht zwar leicht überlegen, muss sich aber stets vor dem Angriff der Offenbacher in Acht nehmen. Rechtsaußen Berti Kraus bleibt brandgefährlich. Es fällt kein Tor mehr in der regulären Spielzeit, Abpfiff, Verlängerung. Nach zwei Minuten gibt es eine harte Attacke von Heinz Lichtl gegen

Kreß im Strafraum, Elfmeter, Feigenspan trifft für die Eintracht zum 3:2. Ein umstrittener Strafstoß, viele Offenbacher fühlen sich hinterher verschaukelt, ich meine zu Unrecht, der Elfer war berechtigt. Ich habe Richard Kreß unendliche Male spielen gesehen. Ein fairer Sportsmann und kein Elfmeterschinder, er wird schlicht und ergreifend gefoult, und der Schiedsrichter pfeift.

In der 106. Minute dann die Vorentscheidung: Sztani erhöht auf 4:2. Zwei Minuten später verkürzen die Kickers zwar noch einmal auf 4:3, aber in der 117. Minute ist es erneut Feigenspan, der eine Vorlage von Kreß mit einem Kopfball zum 5:3-Endstand vollendet. Wir jubeln, die Eintracht ist Deutscher Meister 1959 geworden.

Die bis heute immer wieder beschriebene Rivalität zwischen den Adlerträgern und den Kickers habe ich selbst eigentlich nie gespürt. Mit dem Kickers-Idol Hermann Nuber habe ich noch Jahrzehnte danach einen tollen Kontakt gehabt. Unmittelbar nach der Niederlage zog er eine positive Bilanz: „Auch wenn wir dieses Spiel verloren haben - wir hatten in der Truppe, die eine Art Offenbacher Kreisauswahl war, einen Teamgeist, der seinesgleichen sucht. Da hat jeder für jeden gekämpft, wir haben prima zusammengepasst.“

Zusammen mit meinem Bruder Karl, der inzwischen auch seine Ausbildung als staatlich geprüfter Masseur abgeschlossen hatte, habe ich die Kickers viele Jahre später sogar ab und an physiotherapeutisch betreut – als dort auf der Trainerbank Rudi Gutendorf saß.

Siegesfeier mit Hindernissen

Nach dem Triumph von Berlin sollte für die Eintracht erst einmal die Siegesfeier am Main stattfinden. Die Euphorie war groß, es gab einen gigantischen Empfang, vom Flughafen bis zum Römerberg wurde gefeiert. Es waren unvorstellbar viele Leute da. Wir kamen auf einem Brauereiwagen nur noch bis zum Schauspielhaus. Da bin ich ausgestiegen und zu Fuß weiter gegangen. Die Spieler kamen etwas später nach.

Obwohl ich ein Eintracht-Trikot anhatte, kam ein Stadtverordneter auf mich zu und fragte am Eingang zum Römer barsch, wer ich denn sei und was ich hier verloren hätte. Meine Güte nochmal: Die gleiche Situation wie vor dem Spiel in Berlin. Geschichte wiederholt sich. Ich stellte mich vor als Masseur der Eintracht. „Das kann jeder sagen", sagte der Mann in einem unverschämten Ton - und warf mich aus dem Römer. Ehrlich gesagt, darüber könnte ich mich heute noch ärgern. Ich hatte ja die Kluft der Eintracht an – heute ist das für viele Fans selbstverständlich, damals war das aber noch anders. Ich habe mich dann beim Präsidenten der Eintracht beschwert, der hat die Beschwerde weitergeleitet, am Ende kam eine Entschuldigung von der Stadt. Es gab zwei oder drei Flaschen Riesling aus Hochheim aus dem Rheingau, und damit war die Sache erledigt.

Zwei Wahnsinnsspiele in Glasgow

Jetzt ging es richtig los. Die Eintracht spielte international, wir reisten kreuz und quer durch Europa und sorgten mit tollen Leistungen für Aufsehen.

Wie ich gehört habe, ärgert sich Istvan Sztani heute noch, dass er nach dem gewonnenen Endspiel gegen die Kickers zu Standard Lüttich wechselte. Er habe sich um die Früchte der Meisterschaft mit den danach folgenden tollen Europa-Pokalspielen der Eintracht gebracht, soll er noch Jahrzehnte nach dem Endspiel gesagt haben. In der Tat: Diese Mannschaft war großartig. Wir setzten uns zunächst gegen Austria Wien durch, besiegten dann in Hin- und Rückspiel Grashoppers Zürich und bekamen es im Halbfinale mit den Glasgow Rangers zu tun.

Wir hatten Heimrecht im ersten Spiel, und unserer Mannschaft gelang vor 75.000 Zuschauern im Waldstadion eine Vorstellung vom Allerfeinsten. Stand es bis zur Halbzeit noch 1:1 – Dieter Stinka hatte die Eintracht in Führung gebracht, ehe kurz danach der Ausgleichstreffer fiel -, drehten unsere Jungs in den zweiten 45 Minuten voll auf. Zweimal Alfred Pfaff, zweimal Dieter Lindner und kurz vor Schluss dann auch Erwin Stein schlugen zu, 6:1 hieß es am Ende, alle hatten ihre Leistung optimal abgerufen, und Torhüter Egon Loy hatte mit fantastischen Paraden wesentlichen Anteil an dieser tollen Leistung. „Das war die schwärzeste Nacht in der stolzen Geschichte der Glasgow Rangers. Sie wurden in der zweiten Halbzeit gedemütigt", schrieb damals eine schottische Zeitung.

Wir waren voll auf Kurs, beim Rückspiel in Glasgow hätten wir uns mit diesem Ergebnis eigentlich nur noch selbst schlagen können. Und dennoch traten wir die Reise nach Schottland mit großem Respekt an.

Vor 68.000 Zuschauern im Ibrox-Park ließ die Eintracht dann nichts mehr anbrennen. Im Gegenteil, wir zogen erneut unser geniales Spiel auf, noch einmal schossen unsere Jungs sechs Tore, die Schotten waren dreimal erfolgreich, zu wenig gegen ein Klasseteam aus Hessen. Auf Wiedersehen, Glasgow, wir sehen uns schon bald wieder. Nämlich zum Endspiel im Pokal der Landesmeister gegen die Wunderspieler von Real Madrid im Hampden-Park. Der Zufall wollte es, dass auch dieses Spiel in der schottischen Fußball-Metropole ausgetragen wurde.

Finale vor 134 000 Zuschauern

Beim Endspiel gegen Real Madrid sitze ich als erster Masseur auf der Bank. 134.000 Zuschauer, was für eine Wahnsinns-Atmosphäre – und was für ein grandioses Spiel, das mir für immer in Erinnerung bleiben wird. Niemals zuvor und auch nie mehr danach fand ein europäisches Endspiel vor einer größeren Kulisse statt. Als Richard Kress die Eintracht in der 18. Minute mit 1:0 in Führung bringt, scheint alles möglich. Doch dann zeigt sich sehr schnell, dass gegen diese Madrider Mannschaft mit all ihren genialen Spielern ganz einfach kein Kraut gewachsen ist. In der zweiten Halbzeit spielt Real Fußball wie vom anderen Stern. Es ist die unglaubliche Präzision im Passspiel, die Geschwindigkeit, in der der Ball zirkuliert. Drei Tore macht Alfredo Di Stéfano, viermal ist Ferenc Puskás erfolgreich. Real holt den fünften Landesmeister-Cup in Folge.

Wir verloren 3:7, und hatten am Ende doch ein begeisterndes Match gegen ein begnadetes Team abgeliefert, das es in dieser Qualität vorher sicher noch nie gegeben hatte. Es ist viel geschrieben worden hinterher, es wurde spekuliert, ob ein umstrittener Elfmeter für Real nicht hätte gegeben werden dürfen. Aber man darf sich da nichts vormachen. Die Spieler der Eintracht haben alles getan, was in ihren Kräften stand. Bei der unglaublichen Qualität der Einzelspieler von Real hätte dieses Match aber ganz einfach nicht gewonnen werden können.

Erwin Stein macht am Ende noch zwei Tore. Endstand: 7:3. Unsere unterlegene Mannschaft formiert sich nach dem Abpfiff zum Ehrenspalier. Das ist echter Sportsgeist. Mehr Respekt vor diesem unglaublichen Gegner konnte es nicht geben.

Bühne frei für die Rückkehr der Eintracht, mit der Sondermaschine aus Glasgow landeten wir auf Rhein-Main. Hunderttausende säumten die Straßen, ein gigantischer Empfang, auf diese großartige Mannschaft konnten die Menschen in meiner Heimatstadt ganz einfach nur stolz sein.

Jahrzehnte sind seitdem ins Land gegangen, und ich muss zugeben: meine Beziehung zur Eintracht hat in dieser Zeit ein wenig Schaden genommen. Zum 50. Jahrestag des Spiels gegen Real Madrid bin ich gar nicht eingeladen worden, ehrlich gesagt - das hat mich sehr enttäuscht. Durch die Intervention von Hessens Ministerpräsident Volker Bouffier nahm ich dann immerhin am Bankett teil.

Bei den Kickers war das anders: Hermann Nuber, das Idol vom Bieberer Berg, lud mich wie selbstverständlich zu einer Feier ein, denn auch die Verlierer des Finales um die Deutsche Meisterschaft 1959 ließen sich 50 Jahre später ihr spezielles Fest nicht nehmen. Das war ein schönes Fest. Ich habe mich bei den Konkurrenten von einst pudelwohl gefühlt.

Sepp Herbergers Notizbuch

Manchmal lösen Ereignisse bei mir Erinnerungen aus, die lange zurückliegen. Beim WM-Endspiel 2014 zwischen Deutschland und Argentinien ist das der Fall gewesen. Wir erinnern uns: Weil Sami Khedira sich beim Aufwärmen verletzt, rückt der 23-jährige Christoph Kramer in die Mannschaft. Er findet sich gut zurecht und wird schnell ins Spiel eingebunden. Bis zur verhängnisvollen 17. Minute, wo er im Kampf um den Ball von einem Argentinier äußerst hart mit der Schulter voll im Gesicht erwischt wird. Er geht benommen zu Boden und muss behandelt werden, kann dann aber weiterspielen.

Wie Schiedsrichter Rizzoli hinterher berichtet, soll der junge Spieler nach seiner Rückkehr auf den Rasen aber völlig die Orientierung verloren haben. „Kurz nach der Attacke kam Kramer zu mir und fragte, ob dies das WM-Finale sei", berichtet Rizzoli hinterher in einem Interview. Er geht sofort zum Mannschaftskapitän Bastian Schweinsteiger, der dann veranlasst, dass der Junge vom Platz genommen wird.

Genau bei dieser Szene aus dem WM-Endspiel habe ich mich an einen Vorfall aus meiner Zeit als Masseur erinnert, der lange zurückliegt. Ein Heimspiel von Eintracht Frankfurt Ende der fünfziger Jahre. Ich weiß nicht mehr genau, wer der Gegner war. Die Begegnung ist vorbei. Fast alle Spieler haben bereits geduscht und sitzen im gegenüberliegenden Lokal mit ihren Ehefrauen. Ich stehe noch in der Kabine, da geht auf einmal die Tür auf und

Eintracht-Verteidiger Friedel Lutz torkelt auf mich zu, als ob er betrunken wäre. Merkwürdig, ich habe ihn unmittelbar nach dem Ende des Spiels noch im Gespräch mit einem Journalisten gesehen. Er läuft an seinem etatmäßigen Kabinenplatz vorbei und scheint völlig desorientiert. Ihm sei fürchterlich schlecht, sagt Friedel, dann redet er wirres Zeug. Ich erinnere mich, dass er während des Spiels heftig mit einem Gegenspieler zusammengeprallt ist. Seine Augen sind leicht verdreht, sie reagieren nicht korrekt. Ich helfe ihm, damit er sich auf eine Bank legen kann, lagere seine Beine hoch, winkele sie leicht an und bette auch den Kopf etwas höher. Er ist vorübergehend erst einmal versorgt. Ich muss unseren Trainer Paul Oßwald informieren und laufe schnell ins Trainerzimmer.

Der Coach ist zu meiner Verblüffung nicht allein. Ihm gegenüber sitzt niemand anders als Bundestrainer Sepp Herberger. Die beiden sind miteinander befreundet. Ich grüße, erläutere die Situation. Beide springen wie von einer Tarantel gestochen auf – Lutz ist Nationalspieler, also auch Herbergers Mann. „Wer hat ihn so gelagert?", will Herberger dann von mir wissen. Klar, das habe ich selbst gemacht. Ich behandele Lutz danach weiter, nach einer Weile kann er wieder laufen und ist auch schnell wieder einsatzfähig. Was aber an diesem Tag auch noch passiert ist, berichtet mir hinterher Paul Oßwald. Sepp Herberger hat meinen Namen in sein berühmtes Notizbuch geschrieben – vielleicht, weil ihm gefallen hat, wie ich Friedel Lutz versorgt habe. Diese Notiz wird, wie sich hinterher noch zeigen soll, nicht ohne Folgen bleiben.

Abstecher zu den Hockeyspielern

Ich war 1963 noch an der Uni beschäftigt – mit der Zusatztätigkeit bei der Eintracht, als ich einen Anruf vom Chef der Bethmann Bank erhielt. Dr. Wagner war zu diesem Zeitpunkt Präsident des Deutschen Hockey-Bundes, er lud mich zu einem Gespräch ein und machte ein spannendes Angebot: Es ging um die Betreuung der Hockey-Nationalmannschaft bei einem Turnier vor den Olympischen Spielen 1964 in Tokio. Eigentlich hätte dieses Vorturnier wie die Spiele selbst in Japan stattfinden sollen. Aber es gab dort 1963 Erdbebenwarnungen, deshalb entschied der Verband, dass die Spieler nicht nach Japan fahren sollten. Das Vorturnier fand deshalb in Lyon in Frankreich statt.

Für mich war dieses Angebot attraktiv, aber nicht ganz unproblematisch, denn ich war ja Masseur bei der Eintracht. Befürchtungen, dass es Probleme geben könnte, bestätigten sich allerdings nicht. Der Verein zeigte sich kooperativ und genehmigte mir den Einsatz für die Hockeyspieler – allerdings nur für das Turnier in Lyon. Mit Hockey-Teamkapitän Fritz Schmidt aus Rüsselsheim habe ich mich damals in Frankreich angefreundet, ich habe noch heute einen guten Draht zu ihm.

Mit der Eintracht war für meinen Abstecher in den Hockeysport alles geklärt. Aber ich war ja auch bei der Uniklinik Frankfurt angestellt.

Es mag merkwürdig klingen, aber bei der Lösung dieses Problems half niemand anderes als der damalige hessische Ministerpräsident Georg August Zinn, von dem ich
einen Brief erhielt. Er teilte mir mit, dass ich für das Ho-
ckeyturnier von der Uniklinik auf Intervention der Landes-
regierung 14 Tage Sonderurlaub bekommen werde. Hinterher wurde klar: Der Bethmann-Bank-Chef hatte seinen ganz speziellen Draht zum hessischen Landesvater
spielen lassen, dessen Wunsch die Uniklinik wohl kaum
hätte ablehnen können. Mir sollte das recht sein. Span-
nende Tage warteten auf mich.

Verlängerung unmöglich

Die deutsche Mannschaft überzeugte in Lyon. Wir gewannen das Turnier. Einige Zeit später kam der Teamkapitän Carsten Keller zu mir, ein sympathischer Junge aus
Berlin. Er wollte mich überzeugen, mit nach Japan zu fahren. Denn trotz der Erdbebenwarnung hatte sich die
Mannschaft entschieden, auch in Japan vor den Olympischen Spielen noch Testspiele zu absolvieren. Schade, ich
musste leider absagen, dafür hätte ich keinen Urlaub bekommen. Immerhin: ich war dann doch noch bei den ge-
samtdeutschen Ausscheidungsspielen zwischen der DDR
und unserer Mannschaft im Einsatz. Am Ende gab es leider kein Happy End. In Jena schaffte das Team ein 0:0,
eigentlich gar keine schlechte Ausgangsposition für das
Rückspiel. Doch in Westberlin schlugen die Spieler aus der

DDR unsere Jungs überraschend 1:0, das Turnier in Tokio fand deshalb ohne die Bundesrepublik statt.

DDR – Bundesrepublik: 1:0. Dieses sehr spezielle Ergebnis sollte mich und die gesamte Nation viele Jahre später noch einmal in einem völlig anderen sportlichen Zusammenhang beschäftigen. Das berühmte Spiel bei der Fußball-WM 1974 mit dem Sparwasser-Tor. Aber das ist eine Geschichte, die damals noch in weiter Ferne lag.

Für mich sollte das Turnier in Lyon, im Nachhinein betrachtet, mein weiteres Berufsleben grundlegend verändern. Denn was ich nicht ahnte: Ich war in Frankreich beobachtet worden, meine Leistung als Masseur wurde insgeheim bewertet. Hinterher erfuhr ich, was es damit auf sich hatte.

Sepp Herberger, der alte Trainerfuchs, unterrichtete damals an der Kölner Sporthochschule. Im Vorfeld des Hockeyturniers hatte er in Köln den damaligen Coach der Hockeynationalmannschaft Hugo Budinger getroffen. „Ihr habt doch in Lyon sieben Spiele in elf Tagen, wer betreut euch denn als Masseur?", wollte er wissen. Das ist Adolf Katzenmeier, wurde ihm gesagt. Der Name war dem Trainer bekannt – spätestens seit dem Vorfall mit Friedel Lutz in der Kabine von Eintracht Frankfurt. Herberger beauftragte den Coach der Hockeynationalmannschaft, mich genauer beim Turnier unter die Lupe zu nehmen. Wie ich arbeite, wie ich funktioniere, wie ich mit den Spielern klarkomme.

Ich bin danach wieder zurück in die Uniklinik und habe auch meine Arbeit bei der Eintracht wieder aufgenommen. Hockey-Coach Budinger hat dann offenbar einen sehr guten Bericht über mich bei Sepp Herberger abgegeben, und das ist nicht ohne Folgen geblieben. 1963, im Jahr des Bundesligastarts, holte mich Herberger zum Deutschen Fußball-Bund: „Junge, komm zum DFB!" Ein tolles Angebot. Klar, da konnte ich nicht nein sagen.

Masseur der B-Nationalelf

Ich war angekommen beim DFB. In den ersten Jahren waren es vor allem die B- und Jugendnationalmannschaften, die ich zu betreuen hatte. Basisarbeit, viele Erlebnisse aus dem Masseuralltag sind mir bis heute in Erinnerung geblieben.

Es war bei einem Länderspiel der B-Nationalmannschaft in St. Gallen in den sechziger Jahren gegen die Schweiz. Die älteren Fußballfans werden sich vielleicht noch an diese Zeit erinnern: Hennes Löhr (1. FC Köln) gehörte zum Team, Siggi Held und Hoppi Kurrat von Borussia Dortmund, und Rudi Brunnenmeier von 1860 München. Der war mit einem eingewachsenen und vereiterten Großzehennagel angereist. Zwei Tage vor dem Spiel humpelte Rudi verunsichert herum. Es sah schlecht für ihn aus. Uwe Seeler war zu dieser Zeit ein national überragender Mittelstürmer, direkt hinter ihm stand Brunnenmeier, und der sah seine Chancen zunehmend schwinden.

Rudis Zehe war geschwollen und feuerrot. Man durfte nicht an die Nagelecke mit dem Herd der Entzündung kommen. Aber ich war fest entschlossen, das Problem zu beseitigen. „Rudi, beiß auf die Zähne, es tut jetzt einen Moment weh", sagte ich. Dann hob ich die Nagelecke mit einer abgeschrägten Nagelzange leicht an. Er jammerte kurz, ich schnitt, das Eck flog weg und schlagartig verspürte Brunnenmeier keinen stechenden Schmerz mehr.

Die Zehe blieb vereitert. Was mache ich jetzt? Glücklicherweise gab es im DFB-Koffer Rivanol-Tabletten mit dem Wirkstoff Ethacridin. Ich ging in die Küche, zerschlug sie und kochte die Tabletten bis zum Siedepunkt, damit sie steril waren. Deckel drauf und in eiskaltes Wasser gestellt, damit es abkühlen konnte. Damit machte ich eine halbe Stunde später Umschläge mit Mullkompressen. Die ganze Nacht stand ich immer mal wieder auf und feuchtete die Kompressen mit der speziellen Flüssigkeit an. Der Eitersack platzte. Da, wo die Ecke am Nagel abgeschnitten war, bohrte ich ganz vorsichtig ein winzig kleines Loch. Der Eiter kam raus. Dann desinfizierte ich.

Rudi konnte am übernächsten Tag spielen. Ich machte einen künstlichen Nagel mit Schaumgummi in Größe seines Nagels und ließ ihn etwas über dem Nagelrandbett stehen und tapte alles ab. Brunnenmeier spielte gut, das Spiel ging 0:0 aus. Ich bekam Lob – vom damaligen Aushilfstrainer Werner Liebrich – einem Spieler aus der Weltmeistermannschaft von 1954, und von Rudi selbst. „Danke, Adi!", sagte er. Das alles ist sehr lange her, es war eine ganz andere Zeit, in der mit Methoden gearbeitet wurde, die heute nicht mehr üblich sind.

Rudis Lebensweg nach dem Ende seiner großen Karriere war dann sehr traurig. Er verlor jeglichen Halt. Geschwächt von einer Alkoholkrankheit und einem Krebsleiden starb er völlig verarmt und viel zu früh im April 2003 im Alter von 62 Jahren.

In meiner langen Zeit beim DFB bin ich übrigens immer wieder mit dem Problem Zehennägel der Kicker konfrontiert worden. Es mag wie eine Binsenweisheit klingen, aber Fakt ist: Fußball wird mit den Füssen gespielt, und

da wird die Bedeutung der Zehennägel allzu oft überse-
hen und auch völlig unterschätzt. Bei der WM 2006 in
Deutschland hat mich Teamchef Jürgen Klinsmann auf
meinen Vorschlag hin gebeten, einen Fußnägelstatus der
kompletten Nationalmannschaft zu erheben – mitten im
Sommermärchen. Da waren manche Jungs aus unserer
Mannschaft ganz schön verblüfft.

Uwe Seeler ist uneinsichtig

In einem Vorbereitungsspiel auf die Weltmeisterschaft
1970 in Mexiko gegen Jugoslawien, das in Hannover stattfand, traf ich Uwe Seeler in der Sportschule Barsinghau-
sen. In der Woche zuvor hatte er sich, wie er sagte, eine
Zerrung zugezogen, die er behandeln lassen wollte. Mit
Teamarzt Professor Heinrich Hess übernahm ich die Betreuung. Bei Uwe lag keine Zerrung vor, vielmehr ein
deutlich zu fühlender Muskelfaserriss mit Druckempfind-
lichkeit und Punktschmerz. Wir versuchten, Uwe von einem Einsatz in diesem Spiel abzubringen. Auch Helmut
Schön leistete Überzeugungsarbeit. Aber vergebens. Uwe
wollte spielen.

Kurz vor dem Anpfiff kam er dann zu mir und fragte,
ob ich ein ABC-Pflaster habe. Ich schaute in den DFB-Koffer, und wie es in solchen Situationen meistens ist - es
war kein Pflaster vorhanden. In der Not wandte ich mich
an einen Vertreter von Hannover 96, der mir aus seinem
Bestand ein Pflaster geben konnte. Uwe fragte mich dann,

ob ich dieses Pflaster direkt auf die verletzte Stelle auf-
kleben könne. Ich sagte o.k., hatte dabei aber ein ungu-
tes Gefühl. Er schoss nach 10 Minuten fast quer in der
Luft liegend das 1:0 für die deutsche Mannschaft, jubelte
kurz und blieb dann mit schmerzverzerrtem Gesicht liegen. Das Spiel war für ihn vorbei und in der Kabine
machte er sich hinterher große Vorwürfe. Wir gewannen
1:0. Uwes Preis: eine Zwangspause von vier Wochen.

Olympia 1972 – das war nix

Im Jahr 1970 kam DFB-Präsident Hermann Neuberger auf mich zu und fragte, ob ich bereit sei, die Amateurnationalmannschaft zu übernehmen. Sie sollte als Olympiamannschaft bei den Spielen 1972 in München antreten. Mir blieb eigentlich keine andere Wahl. Ich sagte zu und stieß dann leider mit meiner Entscheidung beim damaligen Jugendtrainer Herbert Widmayer auf große Verärgerung. Mit dem hatte ich mich immer gut verstanden, aber was sollte ich tun? Neuberger erklärte mir noch, die Entscheidung für mich sei auch deshalb gefallen, weil ich etliche Spieler für die Amateurmannschaft bereits aus ihrer Zeit in der Jugendnationalmannschaft kennengelernt hätte. Das sah er als gute Grundlage für eine effiziente Arbeit, und ich denke, dass er das richtig eingeschätzt hatte.

Die Erwartungen im Vorfeld des Olympischen Turniers waren in Deutschland gerade mit Blick auf den Fußball extrem hoch. Leider sollte sich hinterher zeigen, dass sie nicht erfüllt werden konnten.

Mit der Entscheidung für das Olympiateam wartete eine besondere Herausforderung auf mich. Alle in München eingesetzten Masseure mussten bei Professor Otto Karl Sperling, der einst von der Berliner Charité in den Westen gekommen war, eine Prüfung ablegen. Sperling galt damals als der Massagepapst schlechthin. Beim DFB wurde von vornherein Luft aus der Sache genommen. „Adi, du bist in München dabei, auch wenn du die Prüfung nicht bestehen solltest", hieß es. Ich kam prima mit Sperling klar und habe auf seine Bitte hin sogar seine Sekretärin massiert. Am Ende hatte ich die Prüfung problemlos bestanden.

Das Abenteuer Olympia konnte beginnen. Wir hatten viele Vorbereitungsspiele auf dem Programm, starteten eine große Westafrikatournee mit Spielen in mehreren Ländern, investierten viel und schienen eigentlich gut vorbereitet.

Torhüter Wienhold röchelt

Das Turnier selbst habe ich nicht in guter Erinnerung. Wenige Tage vor dem Auftaktspiel arbeiteten die Spieler in Gruppen und für die Torhüter stand Einzeltraining auf dem Programm. Kurz vor Ende ordneten Jupp Derwall und Torwartcoach Erhard Ahmann ein Torschusstraining mit den Feldspielern an. Plötzlich lag unser Torwart Günther Wienhold – ein hervorragender Keeper, der bei Eintracht Frankfurt und danach beim SC Freiburg Top-Leistungen brachte - auf dem Boden. Ulli Hoeneß hatte mit großer Wucht einen Ball aufs Tor geschossen, der sprang kurz vor Günther auf und traf seinen Kehlkopf.

Heinrich Hess und ich liefen auf den Platz. Günther röchelte und bekam kaum Luft. Glücklicherweise war er nicht bewusstlos. Wir steckten ihm einen Eiswürfel aus der Eisbox in den Mund und es ging ihm dann schnell deutlich besser. Vor der Rückfahrt ins Hotel bekam er eine Halskrause verpasst - eine feuchte, mit Watte abgedeckte Mullkompresse. Im Hotel besserte sich sein Zustand weiter. Beim Start zum Turnier war unser Keeper wieder der Alte, dass wir in München am Ende wenig erfolgreich waren, lag nicht an ihm.

Olympia konnte beginnen, wir waren im Olympischen Dorf untergebracht. Und die ersten drei Spieler verliefen genau so, wie wir uns das vorgestellt hatten. Es ging los mit einem 3:0 Sieg gegen Malaysia. Das war gut für unser Selbstbewusstsein. Wir schlugen danach Marokko (3:0) und ließen die USA mit 7:0 im dritten Vorrundenspiel alt aussehen. Alles schien nach Plan zu laufen. Ohne Gegentreffer und mit der maximalen Punkteausbeute zogen wir in die Zwischenrunde ein. Mexiko, Ungarn und die DDR sollten die nächsten Gegner sein.

Der erste Dämpfer

Das Spiel gegen die Mexikaner war deshalb von großer Bedeutung, weil wir um die ganz besondere Qualität der Mannschaften aus dem Ostblock wussten. Die kamen mit ihren A-Nationalmannschaften nach München, der Sieg gegen Mexiko war eigentlich ein Muss, um halbwegs gute Chancen zu haben, die Zwischenrunde zu überstehen. Am 3. September reichte es in Nürnberg aber lediglich zu einem 1:1-Unentschieden. Ein echter Dämpfer, doch noch war nichts verloren. Wir konzentrierten uns voll auf das nächste Match gegen Ungarn, aber dann passierten dramatische Dinge, die alles änderten. Am 5. September um

16 Uhr sollte das Spiel gegen Ungarn stattfinden, um 15.38 Uhr wurden die Olympischen Spiele wegen des Attentats unterbrochen. Wir waren rechtzeitig informiert worden und noch nicht im Stadion, aber das half uns am Ende auch nicht wirklich weiter.

Es kam, wie es kommen musste: Die Träume von einem erfolgreichen Olympia-Turnier platzten beim Spiel gegen den Olympiasieger von 1968, Ungarn, am 6. September in München. Überlegen mit 4:1 Toren setzten sich die Spieler gegen das DFB-Team durch. Die Luft war raus. Auch die mit Spannung erwartete Begegnung zwei Tage später vor 80.000 Zuschauern im Olympia-Stadion gegen die DDR endete deprimierend. Mit 2:3 Toren gab es eine weitere Niederlage, mit 1:5 Punkten in der Zwischenrunde waren wir raus aus dem Turnier. Über Unterstützung konnten wir uns wirklich nicht beklagen. Das Publikum stand lautstark auf unserer Seite. Doch uns fehlte am Ende das Quäntchen Glück und vielleicht auch ein wenig die Qualität, und natürlich war die Stimmung nach dem Attentat völlig im Keller. Als Deutsche waren wir besonders betroffen: Es war in unserem Land passiert, ausgerechnet bei Olympia.

Wir bekamen nach dem Überfall die Mannschaft nicht mehr in den Griff. Da war totale Verunsicherung und reichlich Angst bei den Spielern. Nur schnell nach Hause, hieß es nach der deprimierenden Niederlage gegen die DDR. Einige Jungs schienen heilfroh zu sein, dass das Abenteuer vorbei war. Um ehrlich zu sein: Ich konnte es ihnen nicht verdenken.

Die Fußballdamen lassen grüßen

Im Jahr der großen Studentenunruhen 1968 war ich als Masseur dabei, als eine bunt zusammengewürfelte Damenmannschaft von Oberst Schiel, eigentlich ein Frankfurter Schützenverein, zu einem Spiel gegen die Männer vom Betriebssportverein „Franken 66" antrat. Es war, wie sich hinterher herausstellen sollte, die Geburtsstunde des Frauenfußballs in der Rhein-Main-Region.

Die Herren von „Oberst Schiel" hatten gegen „Franken 66" ein Freundschaftsspiel ausgetragen, die Vereinsfrauen hatten gelangweilt am Spielfeldrand gestanden. „Was unsere Männer können, das können wir schon lange", hatten sie sich gesagt. Und so kam es tatsächlich am 30. Juni 1968 zum ersten Frauenfußballspiel. Am Ende stand es 3:0 für die „Franken" aus dem Gallusviertel.

Die Blessuren der Spielerinnen waren hinterher kaum zu zählen. Faserrisse, Hautabschürfungen, Sprunggelenkverletzungen ohne Ende. Mein Bruder Karl und ich hatten als Masseurduo viel zu tun. Dabei hatten die Männer aus dem Gallus vorher eigentlich klare Anweisungen bekommen, es mit der Härte nicht zu übertreiben, aber so richtig dran gehalten haben sie sich nicht.

Ein Jahr später kam es zur Revanche. Die Frauen hatten inzwischen einen Trainer engagiert. Handballerinnen und Hockeyfrauen aus anderen Vereinen waren neugierig geworden und kickten mit. Oberst Schiel wurde das Spitzenteam im hessischen Frauenfußball, konnte sich konditionell und spielerisch immer mehr steigern – mit meinem guten Freund Ferdi Stang, der als Trainer eine tolle Arbeit machte.

Seit 1955 war Damenfußball vom DFB verboten gewesen, mit einer aus heutiger Sicht absurden Begründung: „Im Kampf um den Ball verschwindet die weibliche Anmut, Körper und Seele erleiden unweigerlich Schaden und das Zurschaustellen des Körpers verletzt Schicklichkeit und Anstand."

Ende Oktober 1970 aber wurde dann die Zeitenwende eingeläutet. Der DFB hob das Verbot für Damenfußball im Verein auf. Zunächst gab es allerdings noch ein spezielles Regelwerk. Frauen mussten mit einem leichteren Jugendball spielen, Stollenschuhe waren untersagt, und die Spielzeit wurde auf 2 x 30 Minuten begrenzt. Oberst Schiel blieb weiter erfolgreich und schaffte 1977 sogar den Einzug ins Endspiel um die deutsche Meisterschaft gegen Bergisch-Gladbach, kassierte allerdings eine Niederlage.

Dass die „gute alte Zeit" im Frauenfußball alles andere als unbeschwerlich war, erlebten die Kickerinnen von Oberst Schiel 1977 in der K.-o.-Runde zur Deutschen Meisterschaft bei einem Auswärtsspiel gegen Tennis Borussia Berlin. Die Mannschaft flog in die alte Hauptstadt, Geld für eine Hotelübernachtung konnte der Verein aber nicht aufbringen. Immerhin war vorher organisiert worden, dass sich die Spielerinnen in einfachen Waldarbeiterhütten im Forst Grunewald nach dem Flug ein wenig ausruhen und dort mehr schlecht als recht auf das Spiel vorbereiten konnten. Mit einem vorher organisierten privaten Autokonvoi ging es dann ins Stadion. Die Frankfurterinnen gewannen und qualifizierten sich für die nächste Runde. Fürs Duschen nach dem Abpfiff blieb aber, wie mir Trainer Stang hinterher berichtete, keine Zeit mehr. Der einzige Flieger zurück nach Frankfurt wäre nicht mehr erreicht worden.

Ich hatte inzwischen die physiotherapeutische Betreuung von zwei prominenten Fußballerinnen übernommen, die beide beim TSV Siegen spielten – damals eines der deutschen Top-Teams. Silvia Neid, später langjährige Bundestrainerin, und Doris Fitschen kamen regelmäßig in meine Praxis. Günter Neuser, Ex-Profi bei Schalke 04 und gebürtiger Siegerländer, hatte ihnen den Tipp gegeben, mit mir Kontakt aufzunehmen. Ich war danach auch öfters bei Lehrgängen der Nationalmannschaft und hatte einen guten Draht zum damaligen Nationaltrainer Gero Bisanz.

Das Spiel der Männer ist im Vergleich zu den Frauen natürlich deutlich härter, darüber kann es keinen Zweifel geben. In der Mentalität gibt es aber nicht die geringsten Unterschiede. Männer hart, Frauen weich? Das ist Klischee. Ich habe in den vielen Jahren als Masseur immer wieder Jungs erlebt, die in der Kabine hemmungslos geweint haben.

Erinnerungen an die WM 1974

Im Vorfeld der Weltmeisterschaft 1974 hätte ich nicht im Traum daran gedacht, als Masseur Mitglied des WM-Teams zu werden. Erich Deuser hatte klargestellt, dass er die Arbeit als Masseur allein machen wollte. Aber dann kam alles ganz anders. Die Mannschaft war schon in der Sportschule Malente in Schleswig-Holstein angekommen. Mannschaftskapitän Franz Beckenbauer, den ich viele Jahre vorher als Jugendnationalspieler kennen gelernt hatte, wollte die Personalplanung für das große Turnier nicht akzeptieren. Liebe Leute, diese Mammut-Aufgabe als Masseur kann Erich Deuser nicht alleine stemmen, soll Franz gesagt haben, wie ich hinterher erfahren habe. Da muss noch jemand hinzukommen. Ja, wer denn, soll Co-Trainer Jupp Derwall in seiner impulsiven und immer freundlichen Art laut gerufen haben. Es gibt doch nur einen, antwortete Beckenbauer: Den Adi natürlich! Welcher Adi denn? Na, der Adi Katzenmeier, wer denn sonst! Die Entscheidung fiel dann schnell. Sie sollte mein Leben als DFB-Physiotherapeut verändern.

Ich saß also kurz vor dem Start der Weltmeisterschaft 74 zuhause in Frankfurt und dachte mir, schön, dann schau dir mal die WM in aller Ruhe am Löwe-Opta-Schwarzweiß-Fernseher an. Ich wohnte damals bei meiner Mutter und war gerade unterwegs in der Stadt, als ein wichtiger Anruf kam. Der DFB hat sich eben gemeldet, sagte Mutter, als ich die Tür öffnete. Sie rufen in einer Viertelstunde nochmal an.

Das Telefon klingelte pünktlich, die Botschaft war: Du sollst so schnell wie möglich nach Malente kommen, sie brauchen dort noch einen zweiten Masseur. Fahr zum Flughafen Frankfurt, flieg von dort aus nach Hamburg, das Ticket ist schon gebucht!

Ich wurde in Hamburg abgeholt, und mit einem Mercedes nach Malente ins Quartier gebracht, dort eingekleidet und war plötzlich Mitglied des Betreuungsteams. Manchmal passieren Dinge im Leben - die glaubt man einfach nicht. Wir wurden hinterher Weltmeister, wie heute jeder weiß. Ich hatte im Nachhinein unheimliches Glück, dass ich in jungen Jahren mit dabei sein durfte und das alles erleben konnte.

Dicke Luft in Malente

Als ich ankam, herrschte allerdings in Malente dicke Luft. Tagelang hatten die Spieler mit den DFB-Funktionären über eine mögliche Prämie verhandelt, die im Falle eines Titelgewinns fließen sollte. 125.000 DM pro Spieler hatten die Brasilianer und Italiener für den Titel ausgehandelt. Der DFB hatte 25.000 Mark geboten, doch darauf wollten sich die deutschen Spieler nicht einlassen. Sie fühlten sich ausgenutzt und hatten dabei im Blick, dass der DFB bei der WM im eigenen Land viel Geld verdienen würde. Am Abend meiner Ankunft verschärfte sich die Situation. Dicke Luft. Der medizinische Stab hatte mit dem Streit nichts zu tun, wir waren deshalb bei den Verhandlungen nicht mit dabei und wurden über die Fakten erst später aufgeklärt.

DFB-Präsident Hermann Neuberger war krank und lag im Bett – weit weg von Malente. Jupp Derwall war damit der Verhandlungsführer. Er stand telefonisch immer wieder im Kontakt mit seinem Verbandschef. Trainer Helmut Schön hatte die Auseinandersetzung mit den Spielern extrem frustriert. Für ihn galten noch die alten Werte wie Ehre und Treue. In der Vergangenheit hatte Schön gezeigt, was das für ihn konkret bedeutete. Schalke-Stürmer Erwin Kremers etwa war noch vor der WM aus dem Kader gestrichen worden. Der Grund: Am letzten Bundesliga-Spieltag war er wegen Schiedsrichterbeleidigung in Kaiserslautern des Feldes verwiesen worden. Das passte nicht in Schöns Wertewelt. Kremers war weg vom Fenster, aus und vorbei.

In Malente soll Schön gefordert haben, die Mannschaft nach Hause zu schicken und neue Leute zu holen, weil er den Hick-Hack um die Prämien unerträglich fand. Der „Lange", wie er oft genannt wurde, hatte schon seinen Koffer gepackt, wollte das Handtuch werfen. Neuberger soll das aber abgeblockt haben, und das war eine kluge Entscheidung.

Man muss sich das mal überlegen: Die 22 besten Fußballspieler Deutschlands werden aus dem Team geworfen. Bei der Heim-WM für uns am Ball: Nummer 23 bis 44. Dieses Szenario war nur noch Stunden entfernt. Die Nerven lagen vollkommen blank. Am Ende gab es dann nach einer langen Verhandlungsnacht doch ein

Ergebnis: Franz Beckenbauer, Paul Breitner, Günter Netzer und Uli Hoeneß – das waren Typen, die sich die Butter nicht vom Brot nehmen ließen – und schließlich dennoch bereit waren, sich mit ihren Forderungen in Richtung der Funktionäre zu bewegen.

70 000 Mark für den Titel

70.000 Mark sollte der Gewinn des WM-Titels wert sein - plus ein Volkswagen Käfer.   Bei einem Vorrunden-Aus würden immerhin noch 15.000 Mark fließen, damit konnten die Spieler leben. Es kehrte wieder Ruhe ein - zumindest mit Blick auf die Prämien.

Deutschland 1974 - das war auch die Zeit des RAF-Terrorismus. Natürlich machten sich die Spieler über ihre eigene Sicherheit Gedanken, und wie groß das Bedrohungspotenzial durch mögliche Terroristen sein könnte. Franz Beckenbauer hat vor einigen Jahren in einem Interview noch einmal darauf hingewiesen, dass er und seine Familie damals wegen konkreter Terrordrohungen der Baader-Meinhof-Bande sogar Personenschutz hatten.

Im Grunde genommen waren wir in Malente in einem abgeschlossenen Camp. Sämtliche Außentüren waren hermetisch verriegelt. Alles war dicht. Polizei überall. Scharfschützen. Wir wurden aufgefordert, die Schiebefenster nachts offenzulassen, damit die Polizei im Notfall jederzeit die Zimmer betreten konnte. Niemand durfte das Gelände verlassen.

Spazieren gehen war nur in Gruppen und unter Polizeischutz erlaubt. Fast jeden Tag gab es irgendeinen Bombenalarm. Der Bus, der uns zu den beiden Spielen gegen Australien und die DDR nach Hamburg brachte, wurde von Hubschraubern und Begleitfahrzeugen eskortiert, so, als seien der amerikanische Präsident und der oberste Sowjetführer gemeinsam auf einer Überlandfahrt unterwegs.

Und dann endlich ging es los. Der Auftakt der Fußball-WM 1974 mit dem ersten Spiel in Berlin am 14. Juni 1974 sollte alles andere als eine Glanzleistung werden - unser Gegner war Chile, wir gewannen mit 1:0 und kamen mit einem blauen Auge davon.

Wundersame Bahnfahrt durch die DDR

Schon die Anreise von Malente nach Berlin gestaltete sich schwierig. Das komplette Team war in einem Zug unterwegs, der uns auf dem Bahnweg durch die DDR nach Berlin bringen sollte. Irgendwo zwischendurch an einer Station in der DDR musste die Lok offenbar Wasser nachladen. Wir hielten an. Zu unserer großen Verblüffung wurde plötzlich von außen etwas Dunkles gegen die Scheiben gespritzt. Das hatte den Effekt, dass wir nicht mehr nach draußen schauen konnten, alles war verschmiert. Was um alles in der Welt hatte das zu bedeuten? Wir konnten uns die Sache nicht erklären. Was gab es hier auf freier Strecke zu verbergen? Es war eine Szene wie im absurden Theater. Man muss sich das mal überlegen: Die komplette deutsche Fußballnationalmannschaft, die Wochen später Weltmeister wird, in einem Endspiel, das Millionen Menschen rund um den Erdball verfolgen, die sitzt da in einem verkleisterten Zug mitten in der DDR fest. Kurz bevor der Zug weiterfuhr, kamen dann aus dem Nichts irgendwelche Leute und entfernten von außen den Schmutz. Der Spuk war vorbei, es wurde wieder hell.

Wir fuhren nach Berlin. Das Spiel im Olympiastadion war eine Katastrophe. Aber die mehr als 80.000 Zuschauer wurden letztlich doch entschädigt. Denn Paul Breitner feuerte bereits in der 16. Minute aus knapp 25 Metern einen gewaltigen Schuss in den Torwinkel des Gegners ab. Es sollte das einzige Tor des Spiels bleiben. Ein holpriger Auftakt. 1:0 gegen Chile, Hauptsache gewonnen. Das konnte nur noch besser werden.

Und das wurde es auch im zweiten Vorrundenspiel in Hamburg gegen Australien. Overath, Cullmann und Müller trafen beim klaren 3:0-Sieg. Ich kam zu meinem ersten echten Einsatz: Jupp Heynckes brauchte Hilfe. Ich habe noch genau vor Augen, wie er nach einer schnellen Drehung an der gegenüber liegenden Eckfahne verletzt zu Boden ging. Ich sprintete also zu ihm hin und schnell war mir klar: ein Anriss des Innenbands am Knie. Für den Linksaußen aus Mönchengladbach war das Turnier damit beendet. Er fuhr aber nicht nach Hause, sondern blieb zur weiteren Behandlung und Betreuung beim Nationalteam. Ich habe das als echten Vertrauensbeweis für die Qualität meiner Arbeit als Physiotherapeut empfunden.

Ein Spiel, das Fußballgeschichte schrieb

Und dann kam das Spiel gegen die DDR, über das hinterher unendlich viel geschrieben wurde und das bei keiner Dokumentation über die lange und erfolgreiche Geschichte deutscher Teams bei Fußball-Weltmeisterschaften fehlen darf. Handverlesene, linientreue Fans aus der DDR reisten mit einem Sonderzug nach Hamburg. Die DDR hatte bis zu diesem Zeitpunkt ein ausgezeichnetes Turnier gespielt. Gegen Australien gab es mit 2:0 einen souveränen Sieg. Vor dem großen Match in Hamburg hatten sich Australien und Chile in Westberlin unentschieden 0:0 getrennt. Die DDR war also bereits vorzeitig für die zweite Finalrunde qualifiziert. Doch das sollte bei den im Vorfeld unglaublich überzogenen Erwartungen an beide Teams im Match selbst keine Rolle spielen. Wir waren haushoher Favorit.

Das hatte für uns zunächst allerdings nicht die geringste Bedeutung. Unsere Anreise mit dem Bus von Malente nach Hamburg stand vollkommen im Zeichen der Angst vor einem drohenden Anschlag der RAF. Es hatte eine Bombenwarnung gegeben. Wir fuhren los. Vor uns zwei Polizisten auf Motorrädern. Dahinter zwei große Einsatzwagen der Polizei. Hinter dem Bus: zwei Einsatzwagen plus zwei Motorräder. Doch damit war es nicht getan. Wir wurden auch von zwei Hubschraubern begleitet, einer links vom Bus, einer rechts. Alle Seitenstraßen waren abgesperrt, bis der Bus vorbeigefahren war. Ein gewaltiger logistischer Aufwand.

Klar, für die Mannschaft war die ganze Situation extrem bedrückend. Stunden vor dem Spiel eine Zusatzbelastung, aber die Jungs nahmen es hin, sie blieben ruhig, setzten auf die Kompetenz der Polizei.

Die entscheidende Szene des Spiels in der 78. Minute habe ich noch exakt vor Augen: Torhüter Jürgen Croy wirft ab zum Teamkollegen Lauck, der bemerkt, dass Jürgen Sparwasser lossprintet. Der Pass wird exakt gespielt. Sparwasser nimmt den Ball auf, geht an Beckenbauer, Höttges und Vogts vorbei, zieht ab, Sepp Maier kann nicht mehr eingreifen. Tor. 12 Minuten später kommt der Schlusspfiff. Was für ein Desaster.

In den Kabinen wurden dann noch die Trikots getauscht. Den Siegern aus dem anderen Teil Deutschlands war offenbar von ihren Funktionären die Auflage gemacht worden, unter allen Umständen zu vermeiden, dass die Trikots schon auf dem Spielfeld gewechselt würden – vor den Augen der ganzen Welt. Doch wen juckte das in unserem Team noch nach dieser Katastrophe.

Der Frust nach der Niederlage gegen die DDR war riesig. Wir fuhren zurück nach Malente. Totenstille im Bus, extreme Niedergeschlagenheit. Wie konnte das passieren? Helmut Schön rief nochmal eine Spielersitzung ein und ließ uns alle an seiner Enttäuschung teilhaben. Was für ihn die Sache noch schlimmer machte, als sie ohnehin schon war: er stammte ja aus Dresden und hatte einst die DDR verlassen. Uns fehlten die Worte.

Höttges bleibt im Keller

Bevor die Sitzung vorbei war, gab es klare Anweisungen für den weiteren Verlauf des Abends. Zuerst wurden Spieler identifiziert, die vor dem gemeinsamen Abendessen noch medizinisch behandelt werden sollten. Die Jungs verschwanden erst einmal in ihren Zimmern, und danach im Keller des Mannschaftsquartiers, um dort ihren Ärger herunter zu spülen. Gemeinsames Abendessen? Nein. Das war nicht die Stunde, um Signale des Gehorsams an die Adresse des Coaches zu senden.

Erich Deuser bat mich dann, Horst-Dieter Höttges von Werder Bremen zur Massage hochzuholen. Ich marschiere also in den Keller, dort ist der Bär los, die Spieler sitzen mit Bierflaschen in der Hand auf der Treppe und lassen mich nicht mehr hochgehen. „Adi, du bleibst bei uns", hieß es. Und Horst-Dieter kommt nicht mit. Höttges - aber auch viele andere Spieler – befanden sich in einem Zustand, der eine professionelle Massage praktisch unmöglich machte.

Die Jungs hielten mich zurück, als ich wieder die Treppe hochgehen wollte, und ich habe das auch als so eine Art Wertschätzung verstanden. Adi, du bist einer von uns! Etliche von ihnen, zum Beispiel Uli Hoeneß oder Rainer Bonhof, kannte ich ja schon lange aus meiner Arbeit in der Jugendnationalmannschaft. „Du bleibst hier", eine klare Ansage, da wollte ich nicht widersprechen.

Bevor ich unten ankam, hatte Franz Beckenbauer, wie ich hinterher erfuhr, schon mächtig auf den Putz gehauen. Er verlangte mehr Einsatz, mehr Laufbereitschaft, kontrolliertes und nicht planloses Angriffsspiel.

„Wir schicken eine Karte an die DDR!"

Dann kam Helmut Schön die Treppe herunter, weil er den Krach gehört hatte und nach dem Rechten schauen wollte. „Was ist hier los", fragte er. „Wir saufen uns einen", bekam er als Antwort. „Das sehe ich", sagte er verärgert. Die Stimmung in der Truppe war inzwischen bombig, der Alkohol hatte seine Wirkung hinterlassen. Es wurde laut gesungen und krakeelt. Nur der Coach wirkte total frustriert, ausgerechnet an seinem Geburtstag war dieses Schlüsselspiel verloren waren – und jetzt auch noch die Truppe im alkoholisierten Zustand.

Schön war 1950 aus der DDR geflohen. Sein Heimatclub, der Dresdner SC, war damals verboten worden. Er hatte zwischen 1937 und 1941 immerhin 16 Länderspiele gemacht und war zwischen Mai 1949 und April 1950 auch Trainer der DDR-Auswahl gewesen.

Jetzt stand der „Mann mit der Mütze", wie ihn hinterher Udo Jürgens in einem wunderschönen Lied genannt hat, am Tresen, genau dahinter und ihm gegenüber hatte sich unser Chefkoch Hans Damker aufgebaut. Schön schimpfte wie ein Rohrspatz. „Hans, dass du hier mit dabei bist, das hätte ich nicht von dir gedacht." Er wollte die

Klappe am Tresen öffnen, da ging Damker in die Attacke: Der Koch nahm ein großes Messer und drohte: „Helmut, bis hierhin und nicht weiter!"

Alle tobten vor Begeisterung, natürlich war das ein Scherz von Damker, er und Schön verstanden sich hervorragend und das sollte auch für den Rest des Turniers so bleiben. Der Mann mit der Mütze verabschiedete sich schimpfend, frustriert ging er hoch und legte sich enttäuscht ins Bett. Wie lange er wohl gebraucht hat, um nach so einem völlig missratenen Tag endlich zur Ruhe zu kommen?

Die Feier aber ging weiter, und die Spieler hatten dann unter Federführung von Sepp Maier eine geniale Idee. „Jetzt schreiben wir eine Karte an die DDR", sagte er. „Wie bitte?", fragten die anderen. „Hat einer mal einen Stift?" Hans Damker lieferte die Ansichtskarte, an das Motiv kann ich mich nicht mehr genau erinnern, ich meine aber, dass die aus heutiger Sicht eher steril wirkende Küche der Sportschule darauf abgebildet war. Gesagt, getan. Sepp machte seinen Job und formulierte einen kreativen Spruch. Auf der Karte stand dem Sinne nach: „Wir bedanken uns für die Niederlage. Sie haben unseren Ehrgeiz geweckt. Jetzt erst recht, können wir da nur sagen. Wir werden Weltmeister, da können Sie sicher sein!" Die Karte wurde frankiert und abgeschickt, an die DDR, zu Händen von Manfred Ewald, der damals der oberste Sportchef im Osten war.

Der Geist von Malente

Hinterher haben wir erfahren, dass diese Karte tatsächlich bei ihm angekommen ist. Was noch schöner war: Unsere Spieler sollten mit der Botschaft am Ende recht behalten. Der Erfolg der DDR war im Nachhinein ein Pyrrhussieg. Denn als Gruppensieger traf das Team aus dem Osten Deutschlands in der Zwischenrunde auf Brasilien, Argentinien und die Niederlande und schied aus.

Wir sollten den Titel holen. Bis dahin war es allerdings noch ein weiter Weg. In dieser Nacht im Keller der Sportschule wurde der berühmte und später immer wieder zitierte Geist von Malente geboren, der uns von nun an im Turnier begleiten sollte.

Am nächsten Tag habe ich dann Co-Trainer Jupp Derwall und Erich Deuser erklärt, warum ich am Vorabend quasi keine Chance hatte, Horst-Dieter Höttges - der damals in den Medien „Eisenfuß" genannt wurde - zur Massage zu holen. Jupp und Erich hatten Verständnis und die Sache war schließlich ausgeräumt.

Ohnehin sollte sich die Stimmung danach auch im Betreuungsteam wieder auflockern. In entspannter Runde sah ich einige Tage später Jupp Derwall zusammen mit Trainer Schön, unserem Koch Damker und Co-Trainer Widmayer, vier Männer, die eine Runde gepflegten Skat kloppten und sich dabei die eine oder andere Zigarette gönnten.

Natürlich hatten die Jungs auch das Bedürfnis, mit ihren Frauen und Freundinnen und ihren Familien zu kommunizieren. Dafür gab es einen speziellen Raum. Ein einsames Telefon mit Einheitenzähler stand darin. Der Andrang war in der trainingsfreien Zeit immer groß, die Spieler konnten dort zwar umsonst telefonieren, aber sie mussten akribisch genau ihre verbrauchten Einheiten in einer Liste eintragen, sonst gab es Ärger. Alle hielten sich penibel an diese Vorgabe. Aus heutiger Sicht eine Geschichte wie aus einer völlig anderen Welt. Ich war schon mehrmals vorher mit Jugendnationalmannschaften in Malente gewesen und kannte Mitarbeiter aus der Verwaltung. Die boten mir an, bei Bedarf ein Bürotelefon zu benutzen, was ich natürlich gerne auch für Privatgespräche angenommen habe.

Trotz permanenter Terrorgefahr, gewaltigem Erwartungsdruck und Lagerkoller gab es in Malente auch skurrile Momente. Irgendwann schaue ich zur Tür raus und sehe plötzlich Franz Beckenbauer am Steuer unseres Mannschaftsbusses sitzen. Auf der Treppe steht Gerd Müller und macht Handbewegungen: Fahr los, Franz, ruft er, fahr los! Das lässt sich der Kaiser nicht zweimal sagen. Der Bus setzt sich in Bewegung, Franz hat aber nicht mitbekommen, dass die hintere Tür offen ist. Die Fahrt endet an einem riesigen Baum vor den Toren der Sportschule. Die Tür ist zu Bruch gegangen.

DFB-Busfahrer Walter Kohr kann es nicht fassen. Er behebt den Schaden provisorisch mit Draht. Franz kommt mit einem blauen Auge davon. Bestraft wird er nicht – dafür ist seine Rolle im Team ganz einfach zu wichtig. Und ob Gerd Müller womöglich gesehen hat, dass die Bustür offenstand und er seinen Kumpel in die Falle locken wollte, wird für immer ein Geheimnis bleiben.

Mit Ach und Krach in die nächste Runde

Die WM-Vorrunde war mit Ach und Krach überstanden, wir wechselten unser Quartier und zogen um in die Sportschule Kaiserau in Duisburg. Draußen herrschte Weltuntergangsstimmung, weil es an diesem Tag ununterbrochen wie aus Eimern regnete. Erich Deuser war mit der Mannschaft auf dem Trainingsplatz. Sepp Maier war wieder mal richtig in Form. Er hatte gerade eine riesige Juxbrille mit eingebautem Scheibenwischer aus seinem Zimmer geholt und blieb dann beim Heruntergehen auf der Treppe stehen. Er habe ein Problem, „wahrscheinlich eine Kleinigkeit", sagte Sepp. „Kannst du mal mein Zeherl anschauen?" Womöglich eine Verletzung? Das Zeherl war dick angeschwollen und feuerrot angelaufen. Wenn es eine Prellung gewesen wäre, hätte sich auf der Zehe ein Hämatom zeigen müssen. Nach Prellung oder Verletzung sah das aber nicht aus, zumal beim Abtasten der Zehe bei Sepp kaum verstärkt Schmerzen auftraten.

Ich wandte mich an Mannschaftsarzt Heinrich Hess, und wir schalteten dazu noch den Internisten Professor Winfried Kindermann vom Institut für Sportmedizin der Universität des Saarlandes ein. Er untersuchte die Zehe genauer und veranlasste eine Blutuntersuchung. Kaum zu glauben, aber Sepp hatte einen Gichtanfall. Er wurde danach mit Medikamenten behandelt und bekam Injektionen und Infusionen.

Die Therapie war erfolgreich, und Sepp sollte danach, wie wir heute wissen, im weiteren Verlauf des Turniers zu großer Form auflaufen. Und dass er immer einen Spaß auf Lager hatte, das hat uns nicht nur bei dieser Weltmeisterschaft richtig gut getan. Was für ein Typ!

Hausaufgaben gemacht

Erstmals gab es bei dieser WM ab dem Viertelfinale kein K.o.-System, sondern zwei Gruppen mit jeweils vier Mannschaften. Wir waren in Gruppe B gelandet, die nach Ansicht aller Experten leichter war als Gruppe A, in der Argentinien, Brasilien, die Niederlande und die DDR antraten. Unser Team stand vor der Aufgabe, sich gegen Jugoslawien, Schweden und Polen durchzusetzen. Das erste Spiel sollte gegen Jugoslawien in Düsseldorf stattfinden, Beckenbauer und Schön hatten sich nach der Hamburg-Pleite intensiv abgestimmt, die Mannschaft war völlig umgebaut worden Grabowski, Hoeneß, Cullmann und Flohe mussten auf der Bank Platz nehmen, Herzog, Hölzenbein, Bonhof und Wimmer rückten ins Team. Wir gewannen 2:0, Breitner und Müller trafen, wir hatten unsere Hausaufgaben gemacht.

Auffällig war, dass offenbar beim Spiel gegen die DDR die Wertschätzung für Beckenbauer weiter gestiegen war. Immer wieder bekam er Beifall für seine Aktionen, die

Zuschauer hatten verstanden, dass diese WM und ein möglicher Erfolg fundamental von der Qualität des Kapitäns abhängen würde. Bei der anschließenden Pressekonferenz bin ich nicht dabei gewesen, aber Schön hat dem Franz attestiert, dass er ein Weltklassespiel gemacht habe. Die Chemie stimmte wieder zwischen diesen beiden Schlüsselpersonen, und das sollte für den weiteren Verlauf des Turniers besonders wichtig sein.

Im nächsten Spiel ging es dann gegen die Schweden, die nach einem 0:1 gegen Polen um jeden Preis gewinnen mussten. In Düsseldorf regnete es an diesem 30. Juni 1974 in Strömen, 67.000 Zuschauer waren ins Stadion gekommen. Sie sahen eine deutsche Mannschaft, die beißen und zurückschlagen konnte. Zur Pause lagen wir zunächst 0:1 zurück, doch dann fielen nach dem Wiederanpfiff durch Wolfgang Overath und Rainer Bonhof binnen zwei Minuten zwei Tore. Das war die Führung, und postwendend gab's den Ausgleich. Drei Tore in drei Minuten – wieder musste gezittert werden.

Dann bewies Helmut Schön eine glückliche Hand, als er Jürgen Grabowski einwechselte. Zwölf Minuten stand er auf dem Platz, dann überwandt der Mann von der Eintracht Torwart Ronny Hellström, der nach der WM über viele Jahre in Kaiserslautern eine tolle Karriere machen sollte. Das bis dahin dramatischste Spiel der WM entschied Uli Hoeneß mit einem Elfmeter, 4:2, Job erledigt, unsere Jungs hatten ihr bis dahin bestes Match des Turniers geliefert „Ein Spiel, das uns von den Sitzen riss", wertete der „Kicker" die Wasserschlacht von Düsseldorf, der eine noch berühmtere folgen sollte.

Die Wasserschlacht im Waldstadion

Das letzte Gruppenspiel gegen Polen hatte den Charakter eines Halbfinales. Wir wären mit einem Unentschieden weitergekommen, aber wer will bei so einem Spiel von Vorneherein auf Remis planen? Das Match unserer Mannschaft gegen die hervorragend besetzten Polen am 3. Juli 1974 war ein Spiel, das als „Wasserschlacht von Frankfurt" in die Fußball-Geschichtsbücher eingegangen ist. Viele könne sich sicher noch an die Wasserwalzen erinnern, die damals eingesetzt wurden.

Ein Wolkenbruch setzte den Rasen des Waldstadions vor dem Spiel vollkommen unter Wasser. Es goss und goss und goss und wollte nicht aufhören. 14 Liter pro Quadratmeter gingen nieder. Feuerwehrleute wurden angewiesen, die Wassermassen mit großen Walzen vom Spielfeld zu drängen. Mit bescheidenem Erfolg, der Platz glich einer Seenlandschaft und konnte im Grunde nicht ordentlich bespielt werden. Hubschrauberpiloten versuchten, mit Hilfe der Rotoren Wasser zu verschieben. Spektakuläre Aktionen. Alles vergebens.

Die Veranstalter standen unter Druck. Der Spielplan bei der WM ließ wenig Platz für Verschiebungen. Das WM-Endspiel hätte bei einer Absage des Halbfinales in Düsseldorf womöglich an einem Montag stattfinden müssen. Und das war völlig undenkbar. Schiedsrichter Erich Linemayr aus Linz pfiff die Partie schließlich mit vierzigminütiger Verspätung an. Schlagartig hörte der Regen auf.

Für die deutsche Mannschaft waren die desaströsen Umstände allerdings kein Nachteil. Die technisch beschlagenen Polen mit ihrem wunderbaren Goalgetter Lato kamen bei diesen widrigen Verhältnissen einfach nicht richtig in die Gänge. Ihre Qualität war eigentlich das schnelle Spiel über die Flügel, aber das funktionierte an diesem Tag nicht. Scharf geschossene Bälle blieben in Pfützen vor dem deutschen Tor liegen. Man muss ehrlich sein: Am Ende war Deutschland das glücklichere Team. Sepp parierte glänzend die wenigen echten Chancen des Gegners, Lato haute dann noch einen Schuss raus, der jedem anderen Torhüter um die Ohren geflogen wäre. Maier reagierte genial – mit einer spektakulären Parade. Und Gerd Müller, wer sonst, machte in der 76. Minute das einzige Tor des Tages. Wir standen im Finale. München, wir kommen!

Am Ende soll in Polen allen Ernstes behauptet worden sein, die Frankfurter Feuerwehr hätte die Anweisung gehabt, vor dem Spiel nur die polnische Hälfte zu entwässern. Absurde Verschwörungstheorien, wir haben davon ohnehin nichts mitbekommen, weil unsere ganze Energie längst auf das Endspiel gerichtet war. Die Polen hatten beim Spiel um den dritten Platz gegen Brasilien die Chance, noch einmal ihre Klasse unter Beweis zu stellen. Das gelang eindrucksvoll, sie siegten mit 1:0. Besser hat danach nie mehr bei einer WM eine polnische Mannschaft abgeschnitten.

Sieg gegen Holland – einfach genial

Durchschnaufen war angesagt. Wir stiegen in den Flieger nach München und wurden dort von einem großen Sicherheitsaufgebot an Polizisten zur Sportschule Grünwald begleitet. Die Nerven der Beamten lagen weiter blank. Ich erinnere mich, wie ein Polizist in rüdem Ton unseren Fahrer Walter Kohr in Grünwald anschnauzte, er solle sofort seinen Bus wegfahren, die Kollegen hätten sonst kein freies Schussfeld. Walter reagierte höflich und souverän. Er werde sich gleich in den Bus setzen und der Aufforderung nachkommen, bitte aber doch um einen respektvolleren Ton, das müsse ja wohl trotz der angespannten Situation noch möglich sein.

Wir hatten einige Tage Luft vor dem Endspiel. Die Jungs hatten kleine Radiogeräte dabei, und immer wieder hörte man Interviews mit holländischen Spielern, die dick auftrugen und vor Selbstbewusstsein kaum noch laufen konnten. Sie hatten in der Zwischenrunde Brasilien mit 2:0 geschlagen und danach voll überzeugt. Die Oranje-Kicker strotzten vor Kraft. Die Deutschen hätten keine Chance, Holland sei stärker, habe die besseren Einzelspieler und werde souverän den Titel holen, hieß es, immer und immer wieder.

Das brachte einige von uns voll auf die Palme, vor allem Sepp Maier, der sich gar nicht beruhigen wollte. Er verhandelte mit dem Hausmeister in unserem Quartier, der sorgte dafür, dass das Radioprogramm über die Lautsprecheranlage im Speisesaal lief. Wir hörten die Holländer ein ums andere Mal über ihre angebliche Überlegenheit dozieren.

Der pädagogische Erfolg dieser Aktion war umwerfend. Unsere Spieler hatten die Nase voll von den selbstgefälligen Sprüchen des Endspielgegners. „Schluss jetzt, von denen lassen wir uns nicht über den Tisch ziehen", hieß es unisono im Saal. „Wir zeigen den Holländern, wo der Hammer hängt, wir werden beweisen, dass auch wir Fußball spielen können!" Da war er wieder, der Geist von Malente, mitten im Speisesaal, und der sollte die Mannschaft bis ins Olympiastadion begleiten und auch im Endspiel nicht im Stich lassen.

Der Tag des Finales

Anpfiff vor 80.000 Zuschauern im Münchner Olympiastadion. Ein dramatischer Auftakt. Johan Cruyff dringt in den Strafraum ein und wird gefoult. Elfmeter nach zwei Minuten, da dachte ich oh je, ob das wohl gut geht. Johan Neeskens traf, Sepp Maier holte den Ball aus dem Tor – die erste Ballberührung eines deutschen Spielers im Finale überhaupt. Schon alles vorbei? In der Folge hatte man das Gefühl, als ob die Holländer tatsächlich überzeugt seien, sie könnten mit uns machen was sie wollen. Sie ließen den Ball in ihren Reihen kreisen. Das hatte etwas Überhebliches, ihre Körpersprache verriet, was sie im Schilde führten: „Diese Deutschen führen wir jetzt mal richtig vor!" Aber das gelang nicht. Unser Team hatte sich schnell wieder gefangen. Wir spielten mit, und es lief zunehmend besser.

Dann fiel Bernd Hölzenbein, ich glaube bis heute, dass der Elfmeter berechtigt war. Wenn man sich die Zeitlupe anschaut, ist nicht wirklich zu erkennen, ob er tatsächlich getroffen wurde. Und wenn schon. Der Schiedsrichter pfiff, das ist Fußball. So ist das nun mal mit den Elfmetern. Solange es diesen Sport geben wird, so lange wird man auch immer wieder über klare, unberechtigte, verweigerte und geschenkte Elfmeter diskutieren.

Ich war, wie viele andere im Stadion auch, ein wenig verblüfft, als sich Paul Breitner den Ball schnappte. Er war eigentlich gar nicht als Schütze vorgesehen, lief an und traf. 1:1, das Spiel begann praktisch von vorn.

Genau zwei Minuten vor der Pause war es dann soweit. Diese Szene hat jeder Fußballfan in Deutschland garantiert in seinem Leben x-mal gesehen: Eine Flanke von Rainer Bonhof kann Gerd Müller mit dem Rücken zum Tor stoppen, genial dreht er sich um sich selbst und haut den Ball an Torhüter Jan Jongbloed vorbei in die Maschen.

2:1. Es wird das letzte Tor von Gerd in seiner Nationalmannschaftskarriere sein, er tritt nach dem Abpfiff zurück - leider viel zu früh. Er hätte uns sicher noch viele Jahre im Trikot der Nationalmannschaft Freude gemacht.

Das Finale allerdings war noch nicht beendet - jetzt begann das unendlich lange Warten, Zittern und Bangen bis zum Schlusspfiff.

Sepp hat unglaublich gehalten. Ich sehe noch, wie Cruyff auf ihn alleine zuläuft. Dieser geniale Techniker schnippt den Ball über Maier hinweg. Der liegt bereits am Boden, scheint schon geschlagen, fliegt dann aber doch noch - wie vom Katapult geschossen - nach hinten und lenkt das Leder über die Latte. Ein Wahnsinn. Alle kämpfen bis zum Umfallen, werfen sich immer wieder in die Schüsse der Niederländer, aber alles Anrennen des Oranje Teams ist vergebens. Dass wir am Ende Weltmeister werden, verdankt Deutschland vor allem der großartigen Leistung von Sepp Maier. Ohne ihn hätte das nicht funktioniert. Deutschland hatte es den Holländern gezeigt. Wir waren die Besten!

Das Nachspiel. Festbankett im Hilton. Eigentlich ein Freudenfest, hätte man denken können. Doch dann gab es einen Riesenknatsch, weil den Spielerfrauen der Zutritt verwehrt wurde. Alle Funktionäre waren mit ihren Gattinnen erschienen – und dann das. Nicht nur Uli Hoeneß reagierte wütend, auch Franz machte aus seiner Verärgerung keinen Hehl. Das war kein Abgang nach Maß.

Ein Geschenk für den Mann mit der Mütze

Jede WM ist mal vorbei. Der Länderspiel-Alltag kehrte wieder ein. Die Vorbereitung auf weitere Herausforderungen begann. Aus dieser Zeit fällt mir noch eine kleine Episode mit dem „Mann mit der Mütze" ein. Helmut Schön war auch in der Türkei inzwischen sehr beliebt, wie sich bei einem Länderspiel zeigen sollte, zu dem wir an den

Bosporus flogen. Er bekam von den Gastgebern eine ganz besondere Tabakpfeife geschenkt. Schön kannte sich aus und war überzeugt: Mit dieser Pfeife schmeckt der Tabak einfach besser. Wir saßen am Abend vor dem Spiel gemeinsam am Biertisch, der Trainer stopfte sich in Vorfreude seine Pfeife, blauer Dunst stieg auf, er genoss dieses ganz besondere Raucherlebnis. Eine Stunde später. Die Pfeife war inzwischen kalt geworden. Schön redete und drehte gedankenverloren am Gastgeschenk. Auf einmal gab's ein merkwürdiges Geräusch und der Coach hatte plötzlich zwei Pfeifenteile in der Hand. Wir lagen vor Lachen fast unter dem Tisch.

Der türkische Fußballverband bekam Wind vom Missgeschick. Ein bedauerlicher Materialfehler, hieß es. Schön bekam ein neues Exemplar geschenkt, und dem Genuss sollte danach nichts mehr im Weg stehen.

Die verflixte Saugglocke

Der WM-Titelgewinn war ein Segen für den deutschen Fußball. Auch meine Zusammenarbeit mit Erich Deuser funktionierte eigentlich ohne große Probleme. Der Mann hatte in seinem Leben wirklich schon vieles geleistet. Dabei enthielt der sogenannte „Deuserkoffer", mit dem man ihn oft aufs Spielfeld zu verletzten Spielern eilen sah, eigentlich gar keine großen Geheimnisse. Es handelte sich um eine ganz normale Erste-Hilfe-Ausstattung für Sportverletzungen.

Der legendäre Ruf Deusers mit Blick auf die physiotherapeutische Betreuung der deutschen Elf beruhte auch auf seinem Gespür für unkonventionelle, praxisnahe Lösungen. Schon 1954 hatte er die Unterwassermassage eingeführt, die den Spielern kürzere Regenerationszeiten ermöglichte. Und in den 60er Jahren hatte er mit Kälteanwendung bei Sportverletzungen experimentiert, die er 1970 bei der WM in Mexiko auch dann erfolgreich praktizierte. Das Kraftsportgerät Deuser-Band, das es auch heute noch gibt, hat Deuser ursprünglich aus einem Fahrradschlauch entwickelt.

Eigentlich hätte die Zusammenarbeit mit ihm auch reibungslos funktionieren können, doch dann passierte etwas, das meinen weiteren Weg in der A-Nationalmannschaft zunächst einmal abrupt stoppen sollte.

Die Saugglocke war damals das große Gespräch und bei Physiotherapeuten auch für ihre Einsatzmöglichkeit im

Fußball in aller Munde. Die Saugglocken-Massage ist bekanntlich eine Stimulation der Haut durch die Erzeugung eines Vakuums. Erich Deuser hatte sie mit entwickelt. Er hielt dazu Seminare mit Masseuren. Irgendwann mal war ich mit dabei. Erich erklärte das Gerät und seine Handhabe und machte dann eine Bemerkung zur Elektrotherapie: „Gleichnamige Pole ziehen sich an", sagte er. Ich war verblüfft, denn das stimmt nicht, das Gegenteil ist der Fall, sie stoßen sich ab.

Ich schwieg, korrigierte nicht. Doch dann stand ein Kursteilnehmer auf und fragte: Aber wie ist es denn, wenn ein Spieler eine Verletzung hat? Deuser erklärte: Man setzt die erste Glocke als Anode direkt auf das Hämatom und die zweite Glocke etwas weiter davon entfernt als Kathode auf. Gleichnamige Pole ziehen sich an, sagte er. Noch einmal die gleiche, falsche Information. Keine Ahnung, was mich in dieser Situation geritten hat. Ich konnte mich nicht mehr beherrschen und ließ mich zu einem fatalen strategischen Fehler hinreißen. Ich intervenierte vor dem ganzen Kurs. „Wenn es so richtig wäre, wie du es gesagt hast, dann hättest du das Gewebe geschädigt", sagte ich, „zumal du die Saugglocke direkt auf das Hämatom gesetzt hättest." Das hätte nämlich zu einer schweren Entzündung oder zu einer Nachblutung führen können.

Fataler strategischer Fehler

Ich habe selten jemanden gesehen, der innerlich so wütend wurde wie Deuser in dieser Situation. Sein Hals schwoll an, der Kopf verfärbte sich feuerrot. Natürlich hatte ich recht, doch ich wusste in diesem Moment, dass es klüger gewesen wäre, wenn ich schlicht und ergreifend meine Klappe gehalten hätte.

Die Folgen bekam ich sehr schnell zu spüren. Zur Weltmeisterschaft 1978 in Argentinien wurde ich nicht mitgenommen, mein freches Mundwerk war mir zum Verhängnis geworden. Klar, dass ich mich hinterher sehr darüber geärgert habe. Ich hatte genügend Lebenserfahrung und hätte in dieser Situation souverän und gelassen reagieren müssen. Aus und vorbei, ich hatte mich selbst abgeschossen, das war eine Lehre fürs Leben.

Deuser nahm einen Masseurkollegen aus Berlin mit nach Südamerika. Ich stand weiter im Dienst des DFB, aber die Welt der A-Nationalmannschaft sollte mir erst einmal verschlossen bleiben.

Ein Notizzettel, der alles verändert

Die Weltmeisterschaft 1978 selbst war dann bekanntlich eine große Enttäuschung. Jupp Derwall hatte bereits im Vorfeld einen schweren Bandscheibenvorfall, er musste operiert werden und reiste gar nicht erst nach Argentinien, Erich Ribbeck übernahm sein Amt. Als Derwall nachträglich anreisen wollte, reagierte Ribbeck verärgert – Derwall verzichtete. Ribbeck fragte: „Hast du kein Vertrauen zu mir?"

Am Ende war es aber eine WM, die nicht nur für Ribbeck extrem unglücklich verlief. Die deutsche Mannschaft bekleckerte sich nicht mit Ruhm. Unvergessen bleibt die 2:3-Niederlage gegen Österreich. Eine Pleite auf der ganzen Linie, ein tiefer Absturz nach dem grandiosen WM-Titel vier Jahre vorher.

1978 wurde DFB-Generalsekretär Hermann Joch am offenen Herzen operiert, kurze Zeit später starb er. Joch wurde nur 53 Jahre alt. Sein Tod war für den deutschen und internationalen Fußballsport ein schwerer Verlust. Er war Mitarbeiter von DFB-Präsident Hermann Neuberger bei der Organisation der WM 1974 gewesen und genoss auch international große Anerkennung. Die FIFA hatte ihn in das Organisationskomitee für die Weltmeisterschaft 1978 in Argentinien berufen.

Als sein Schreibtisch beim DFB geräumt wurde, fanden sich viele kleine Notizzettel. Auf einem dieser Zettel stand ein Satz, der für meine weitere Zukunft beim DFB eine große Bedeutung haben sollte: „Katzenmeier wieder mitnehmen nach Italien!" Ich durfte mit dabei sein – bei der Fußball-Europameisterschaft 1980, die uns schließlich ins Endspiel in Rom führen sollte.

Johnny Walker bedankt sich

Ende der siebziger Jahre hatten wir ein Spiel mit der Nationalmannschaft in Dublin. Trainer Jupp Derwall überraschte uns dort mit einer Einladung, die die Whiskyfirma Johnny Walker geschickt hatte. Eine Firmenbesichtigung – klar, das wollten wir uns nicht entgehen lassen, das hörte sich nach einer spannenden Sache an. Wir stehen also mit unserem Bus vor der Werkseinfahrt von Johnny Walker und wollen in den Firmenhof einbiegen. Da beobachten wir, wie ein Passant, der offenbar unser Fahrzeug mit der Aufschrift „Deutsche Nationalmannschaft" wahrgenommen hat, für einen Moment unaufmerksam wird und auf die Straße läuft – mit fatalen Folgen. Er wird von einem Auto erfasst und auf die Fahrbahn geschleudert. Heini Hess und ich eilen aus dem Bus, laufen hin um erste Hilfe zu leisten.

Der Mann hat eine schwere Fleischwunde im Bereich des Kopfes, oberhalb der Schläfe. Es blutet fürchterlich. Wir haben dann sehr schnell desinfiziert und einen Druckverband gemacht. Gewebe quoll heraus, ein schlimmes Bild. Der Bus war inzwischen aufs Werksgelände gefahren. Immerhin war der Mann bei Bewusstsein. Hess und ich warteten so lange, bis der Rettungswagen kam.

Längerer Zeit später, als ich wieder in Frankfurt war und die Sache fast schon vergessen hatte, kam eine Aufforderung per Post, ich möge mich bitte zum Zollamt am Westhafen begeben. Dort war für mich ein Paket aus Großbritannien angekommen. Der Inhalt: 12 Flaschen

Whiskey. Dazu ein dicker Dankesbrief von Johnny Walker für die Rettungsaktion. Was noch schöner war: Das Opfer hatte den schweren Unfall heil überstanden und ließ schöne Grüße bestellen.

Europameisterschaft 1980

Das Turnier begann für uns mit einer Wiederholung des EM-Finales von 1976 zwischen Deutschland und der Tschechoslowakei. Karl-Heinz Rummenigge machte mit dem Kopf das einzige Tor des Spieles, ein Auftakt, auf den man aufbauen konnte. Dann kam wieder einmal der Klassiker, Deutschland gegen Holland, Klaus Allofs erzielt drei Tore, wird von Bernd Schuster glänzend ins Spiel gebracht, doch die Holländer halten dagegen, schießen noch zwei Treffer, können aber die Niederlage nicht mehr verhindern. Schuster fehlte beim letzten Spiel gegen Griechenland, mit etwas Glück schaffen wir ein 0:0 und haben uns damit fürs Finale gegen Belgien qualifiziert – eine Zwischenrunde gab es nicht.

Es war das große Spiel von Horst Hrubesch, der nur deshalb im Team stand, weil Klaus Fischer sich ein Bein gebrochen hatte. Bernd Schuster war wieder mit dabei, er lieferte die Vorlage für Hrubesch, der nach zehn Minuten mit einem Flachschuss – und nicht, wie man hätte denken können, mit dem Kopf - die Führung erzielte. Zu diesem Zeitpunkt war noch nicht abzusehen, dass Horst auch seinem Ruf als „Kopfballungeheuer" in diesem Finale noch gerecht werden würde. Wir hatten danach viele

Möglichkeiten, die zum Teil leichtfertig vergeben wurden, und das rächt sich bekanntlich. Nach einem Foul von Uli Stielike an Francois van der Elst an der Strafraumkante gab es Elfmeter, es stand 1:1 und das Spiel war wieder offen.

Alles lief auf eine Verlängerung hinaus, doch dann schlug das Kopfballungeheuer zu. Bei einer Ecke verschätzte sich Belgiens Keeper Jean-Marie Pfaff, und Horst Hrubesch köpfte das 2:1. Abpfiff, Sieg, wir sind Europameister.

Ein großer Tag für die Mannschaft und ganz speziell für Horst Hrubesch. Die Ecke hatte Manni Kaltz getreten, und Horst hat die Situation hinterher so beschrieben: „Manni Bananenflanke, ich Kopf – Tor!"- ein legendär gewordener Satz. Wer hätte gedacht, dass ich Hrubesch 20 Jahre später noch einmal bei einer Europameisterschaft erleben würde – allerdings nicht als Spieler, sondern als Trainer. Und nicht als Sieger, sondern als Verlierer – frustriert über eine desolate Mannschaftsleistung und in Tränen aufgelöst. Er ist launisch, der König Fußball. Doch davon später.

Einige Spieler waren nach dem Festbankett nochmal ausgebüchst und ausgerechnet Manni Kaltz knickte beim Sprung über eine Mauer um. Er trat die Heimreise mit einem riesigen Tapeverband an. Den Europameistertitel konnte ihm und der Mannschaft niemand mehr nehmen.

Bernd Schuster – streng geheim!

In meiner Praxis in Frankfurt hatte ich vor vielen Jahren einen Patienten, der von einer ganzen Meute an spanischen Sportjournalisten in Deutschland gesucht wurde. Es war Bernd Schuster, der Kapitän der Europameistermannschaft von 1980. Er kam damals in einer Nacht- und Nebelaktion zu mir. Bernd spielte zu der Zeit beim FC Barcelona in Spanien und hatte wochenlang an starken Beschwerden in seinem linken Knie gelitten. Obwohl die medizinische Abteilung seines Vereins ihn über längere Zeit behandelt hatte, wollte sich keine Besserung einstellen. Die Schmerzen blieben und hörten nicht auf.

Die Röntgenaufnahmen hatten keinen echten Befund ergeben, dennoch setzten Barcelonas Verantwortliche – darunter Klinikärzte und Physiotherapeuten - Bernd unter Druck. Sie rieten zu einer Operation.

Schuster, wegen seiner hellblonden Haare auch der blonde Engel genannt, konnte sehr deutlich seine Meinung sagen, war aber, wie ich mich erinnere, zugleich auch ein sehr besonnener und vorsichtiger Mensch. Er wollte keine voreiligen Entscheidungen mit Blick auf eine Operation treffen und entschloss sich deshalb zu einer geheimen Untersuchung und Behandlung in Deutschland - bei Professor Heini Hess, der damals Mannschaftsarzt beim DFB war.

Schuster flog also inkognito nach Frankfurt, ohne vorher mit der Teamleitung in Barcelona Rücksprache zu nehmen. Es ging ihm, wie er mir hinterher versicherte, überhaupt nicht um Verweigerung. „Wenn es einen klaren Befund gibt, will ich mich auch operieren lassen", sagte er.

Jupp Derwall will wissen, was Sache ist

Bernd verschwand also mit seiner Frau und seinen Kindern aus Barcelona. Bei Heini Hess in Saarlouis war er genau an der richtigen Adresse. Der Teamarzt stellte nach einer ersten Untersuchung eine Reizung am lateralen Seitenband des Knies fest. Er behandelte den Star aus Barcelona konservativ mit Injektionen und Infusionen. Das Ergebnis war beeindruckend, die Reizung klang tatsächlich ab. Bernds Allgemeinzustand besserte sich von Tag zu Tag.

Schusters Familie war zu dieser Zeit in Frankfurt im heutigen Airport Hotel untergebracht. Bernd pendelte jeden Tag zwischen Saarlouis und Frankfurt. Hess informierte dann irgendwann den DFB über Schusters Genesung. Vor allem der damalige Bundestrainer Jupp Derwall war natürlich brennend interessiert, welche Fortschritte der Teamkapitän wohl machen würde.

Dann rief mich Hess an und fragte, ob ich Bernd in meiner Praxis mit behandeln könne, um den Genesungsprozess weiter zu forcieren. Kein Problem, ich war sofort dabei. Wir arbeiteten mit Massagen und isometrischen Bewegungsübungen. Auch die Saugglocke durfte nicht fehlen. Soweit ich mich erinnern kann, ist Heini Hess dann auf meine Bitte hin zum Abschluss der Behandlung nach Frankfurt gekommen um sich persönlich von Schusters Fitness zu überzeugen,

Bernd flog zurück nach Barcelona und brachte danach wieder Top-Leistungen – ohne Schmerzen, ohne Komplikationen, ohne Operation. Seine Vorsicht hatte sich am Ende bezahlt gemacht.

Das plötzliche Verschwinden Schusters hatte die spanische Sportpresse in Aufregung versetzt. Findige Reporter machten sich in Deutschland auf die Suche. Das Städtchen Saarlouis und die Rhein-Main-Metropole Frankfurt standen aber nicht auf ihrem Rechercheplan. Die Presseleute sprachen stattdessen bei Schusters altem Kumpel Toni Schumacher in Köln vor. „Der Bernd ist nicht hier", teilte Toni den Pressevertretern lapidar mit – und wie ich ihn kenne, hatte er bestimmt einen Heidenspaß dabei, als der Journalistentross ratlos und unverrichteter Dinge wieder abzog.

Toni war ein echter Schlingel. Einer, dem stets der Schalk im Nacken saß. Ich erinnere mich an ein Vorbereitungslager der Nationalmannschaft in St. Germain in Frankreich. Toni und sein Kölner Teampartner Bernd Cullmann teilten sich im Hotel ein Zimmer. Schumacher erschien eines Tages auf dem Balkon und rief: „Adi, mich juckt's". „Wo juckt's denn", fragte ich zurück. „In der Leiste", klagte Toni. „Er kratzt die ganze Nacht an einer Tour, das nervt", berichtete Cullmann. Einen Tag später: Wieder klagte Toni. Heini Hess fuhr mit ihm ins Krankenhaus. Dort wurde er, wie ich hinterher erfuhr, von einer jungen, gut aussehenden Ärztin behandelt. Mit dem Effekt, dass sich dann im Hotel der Juckreiz verschlimmerte. „Der Toni will ja nur noch ins Krankenhaus", wunderte sich Hess, der die Sache nicht durchschaute. Am Ende wurde klar, dass es sich um eine Kontaktallergie handelte – und der pfiffige Toni hatte bei der ganzen Aktion richtig viel Spaß.

Schumacher gegen Battiston

Meine Erinnerungen an die Weltmeisterschaft 1982 in Spanien beginnen mit der Anreise im Mannschaftsbus. Unser Fahrer Walter Kohr und ich bildeten quasi die Vorhut für die Nationalelf, die zwei Tage später mit dem Flugzeug in Gijon ankam, wo wir unser erstes Spiel hatten. Die Anfahrt über die französische Autobahn verlief nicht ohne Komplikationen. Walter und ich wurden von der Polizei wegen Geschwindigkeitsüberschreitung angehalten. Die Beamten reagierten aber freundlich, als sie realisierten, dass es sich um den deutschen WM-Bus handelte, der unterwegs nach Spanien war. Wir mussten nicht die volle Strafe bezahlen, die Männer von der Autobahnpolizei wünschten uns fürs Turnier viel Glück. Ob sie das später bereut haben? Noch konnte man nicht ahnen, dass Deutschland im Halbfinale gegen Frankreich antreten musste und es dabei zu einer Spielszene kommen sollte, die bis heute unvergessen bleibt: Toni Schumacher gegen Patrick Battiston, doch davon später.

Wir gingen als Europameister ins Turnier und hatten alle WM-Qualifikationsspiele souverän hinter uns gebracht. Was sollte also im Auftaktspiel gegen den vermeintlich schwachen Gegner Algerien schon schiefgehen – ein Fußballzwerg aus Afrika, mit einem spielerischen Potenzial jenseits von Gut und Böse?

Es lief von Anfang an nicht rund in unserem Team, es war der Wurm drin. In der 53. Minute kommt ein schneller

Gegenstoß der Algerier, Belloumi schießt, Toni Schumacher kann den Ball nicht richtig greifen, Madjer schiebt die Kugel ins Tor. Wir sortieren uns, finden besser ins Spiel, erzielen eine Ecke nach der anderen. Als Karlheinz Rummenigge in der 87. Minute den Ausgleich erzielt, bin ich ziemlich sicher, dass unsere Jungs in den noch verbleibenden wenigen Minuten das Siegtor schießen. Der Traum währt nur kurz, es passiert genau das Gegenteil. Belloumi macht praktisch im Gegenzug den Sack zu. 1:2, der Ausgleich gelingt nicht mehr. Ein Start, der völlig in die Hose gegangen ist. Eine Riesensensation, überall wehen die grün-roten Fahnen Algeriens.

„Das Leben geht weiter"

„Auf Männer, das Leben geht weiter", sagt hinterher Jupp Derwall in der Kabine. Die Mannschaft ist verunsichert, die deutsche und internationale Presse kommentiert den desolaten Auftritt mit beißendem Spott. In solchen Situationen bekommt man als Physiotherapeut ein Gespür dafür, wie groß der Druck der Spieler ist. Die Nation erwartet Erfolge und die Last wird immer größer.

Wir gingen positiv mit dem wachsenden Druck um und setzten uns im zweiten Spiel mit 4:1 gegen Chile durch. Alles wieder auf Kurs.

Mit England und Spanien stehen wir in der zweiten Finalrunde und müssen zuerst gegen die Männer von der britischen Insel antreten. Es ist eines dieser Spiele, in dem beide Teams von der ersten bis zur letzten Minute ein Motto verinnerlicht haben, das über allem steht: Nur nicht verlieren! Die Taktik bestimmt den Spielverlauf, das Match wird weitgehend von den Abwehrreihen bestimmt. Fünf Minuten vor Schluss scheitert Kalle Rummenigge, der wegen einer Verletzung seine volle Klasse nicht entfalten kann, mit einem Balkentreffer. 0:0, Abpfiff. Ehrlich gesagt, mich hat dieses Spiel nicht überzeugt, aber es ließ alle Chancen offen für das folgende Match gegen Spanien. Und da galt das Motto: Jetzt muss Deutschland liefern. Und diese Forderung haben unsere Jungs sehr ernst genommen. Sie kämpften verbissen und lagen am Ende mit 2:1 Toren vorn.

Es kommt das Halbfinale gegen Frankreich mit einer dieser berühmten Szenen fürs Geschichtsbuch der Nationalmannschaft, die unvergessen bleibt. Es läuft die 60. Minute. Toni Schumacher rennt aus seinem Tor und checkt den kurz zuvor eingewechselten Patrick Battiston um, der frei auf ihn zugelaufen ist. Der Franzose bleibt mit einem angebrochenen Halswirbel und einer Gehirnerschütterung bewusstlos liegen. Der Ball trudelt am Tor vorbei und man muss fairerweise sagen: Ohne dieses Foul wäre das Leder im Netz gelandet.

Jupp Derwall will Schumacher auswechseln, zumal Toni nach dem Foul nicht gerade wie ein Gentleman reagiert. Er beschimpft Battiston und macht ihm Vorhaltungen. Bernd Franke von Eintracht Braunschweig steht schon als Ersatztorhüter bereit, doch dann gelingt Karl-Heinz Rummenigge der 2:3-Anschlusstreffer.

Toni hat sich hinterher bei Battiston entschuldigt, doch die französischen Medien reagierten harsch: es fielen Begriffe wie „Attentat", „Unmensch" und „Panzer". Der Zweite Weltkrieg war gerade einmal 37 Jahre vorbei, das Bild vom hässlichen Deutschen in der französischen Gesellschaft vielleicht doch noch stärker verwurzelt als manche es wahrhaben wollten.

Irgendwie scheint dieses unglückliche Foulspiel auch Jahrzehnte später nicht vergessen. Von den Medien wird die Geschichte immer dann wieder aufgewärmt, wenn Deutschland gegen Frankreich bei großen Turnieren spielt - wie etwa 2014 im Achtelfinale bei der WM in Brasilien, wo wir bekanntlich siegten, oder auch vor der 0:2-Niederlage im EM-Halbfinale 2016 in Marseille. Battiston wurde in französischen Medien vor dem Spiel in Brasilien mit Blick auf Schumacher so zitiert: „Wir begegnen uns, wenn es sich nicht vermeiden lässt, aber Freunde werden wir nicht mehr." Klar: das Foul war wirklich nicht in Ordnung. Aber Toni hat nach dem Abpfiff alles getan, was möglich war, um sich dann doch noch fair aus der Affäre zu ziehen. Mehr als entschuldigen geht nicht und ohnehin muss irgendwann einfach mal Schluss sein mit den ganzen Vorwürfen!

Diese Weltmeisterschaft bleibt aber nicht nur wegen der Battiston-Affäre in keiner guten Erinnerung. Denn bereits einige Tage zuvor gab es ein Vorrundenspiel, das hinterher als „die Schande von Gijon" in die Annalen einging. Beim Kampf um den Einzug in die Zwischenrunde musste Deutschland-Bezwinger Algerien schon einen Tag vor dem Spiel Deutschland gegen Österreich zum Match gegen Chile antreten. 24 Stunden später wussten die Deutschen und die Österreicher, dass ein knapper deutscher Sieg beiden Teams weiterhelfen würde. Algerien wäre bei dieser Konstellation der große Verlierer und würde ausscheiden. Nach elf Minuten lagen wir mit einem Tor vorn, ein Wunschresultat, weiter geschah nichts mehr. Deutschland-Österreich, Friede, Freude, Eierkuchen, ein Spiel zum Abhaken. Ich erinnere mich an wütende Sprechchöre der spanischen Zuschauer: Fuera, fuera, fuera: Raus! Meine Güte nochmal: es war einer dieser seltenen Tage, in denen ich mich mit unserer Mannschaft sehr unwohl gefühlt habe.

Hinterher in unserem Mannschaftshotel flogen Tomaten und Eier von wütenden Zuschauern gegen die Fensterscheiben. Diese Reaktion war zwar überdreht und auch unfair, trotzdem wird man im Nachhinein sagen müssen, dass sich unsere Jungs nicht mit Ruhm bekleckert haben.

Deutschland konnte sich im umstrittenen Halbfinale nach einem dramatischen Elfmeterschießen gegen Frankreich durchsetzen, unterlag aber im Finale sang- und klanglos mit 1:3 gegen Italien. Eine verdiente Niederlage – und dennoch: ein Vize-Weltmeistertitel, der erst einmal erspielt werden muss, und den auch andere Länder sicher gerne mitgenommen hätten.

Achterbahnfahrt in den 80ern

Die Fußball-Europameisterschaft 1984 in Frankreich stand von vornherein unter keinem guten Stern. Ich erinnere mich, dass wir ziemlich am Anfang irgendwann im Team nach der Halskette von Co-Trainer Horst Köppel suchten. Horst verband mit dieser Kette viele persönliche Erinnerungen. Wir suchten und suchten und fanden sie nicht mehr. Das war leider kein gutes Omen für das folgende Turnier.

Köppel, den ich als Trainer sehr geschätzt habe, ist mir übrigens auch noch in einem völlig anderen Zusammenhang in Erinnerung geblieben. Sie hat etwas mit Aufzügen zu tun, genau genommen mit Hotelaufzügen in aller Welt, in denen ich steckengeblieben bin. Der Aufzug, das Mannschaftshotel und ich – das war in meiner langen Laufbahn als DFB-Masseur ein eigenes Kapitel. In Freiburg, Duisburg und Düsseldorf zum Beispiel hing ich fest, in Bangkok und in Abidjan, der Hauptstadt der Elfenbeinküste, ebenso. Das führte dazu, dass ich häufig in Hotels lieber die Treppe benutzte und dafür belächelt wurde.

Zurück zu Horst Köppel und einer Geschichte, die in Eriwan passierte. Masseur Hansi Montag und ich hatten vor einem Länderspiel im 7. Stock des Mannschaftshotels einen Massageraum eingerichtet. Wir hatten lange gearbeitet an diesem Tag und standen etwas unter Zeitdruck, die Mannschaft wartete bereits im Bus. Wir stehen also mit unseren Massagekoffern vor dem Hotelaufzug, um nach unten zu fahren. Da gibt es einen Knall. Kurzschluss,

Fahrstuhl außer Betrieb. Alles stockdunkel. Wir müssen runter, die Mannschaft wartet, extremer Stress, ein abenteuerlicher Abstieg beginnt. Wir quälen uns nach unten im fensterlosen Treppenhaus, stoßen hier und da und dort mit unseren Koffern an die Wände, fluchen und landen dann tatsächlich doch noch im Foyer. Schweißgebadet erreichen wir den Bus. „Wo bleibt ihr denn?", fragt Horst Köppel leicht genervt. Wir erklären die Situation, und er sagt dann doch tatsächlich: „Da müsst ihr beim nächsten Mal einfach früher losgehen mit euren vielen Taschen." Meine Güte nochmal, Horst, das kann ja wohl nicht wahr sein! Er war ein netter Kerl, aber in dieser Situation hätte ich ihm am liebsten eine runtergehauen.

Aus schon in der Vorrunde

Wir spielten schlecht - und schieden in der Vorrunde aus. Deutschland trat als amtierender Europameister an und enttäuschte bereits im ersten Gruppenspiel gegen Portugal auf der ganzen Linie. Es fielen keine Tore in dieser Partie, die ohne große Höhepunkte blieb. Das konnte in der zweiten Begegnung eigentlich nur besser werden.

Gegen Rumänien schien sich tatsächlich eine Wende anzubahnen. Wir siegten durch zwei Tore von Rudi Völler. Und damit standen die Chancen gar nicht schlecht, in der Vorrunde doch noch die Kurve zu bekommen. Ein Unentschieden gegen Spanien hätte ausgereicht, um ins Halbfinale vorzustoßen. Wir hatten etliche Chancen, vergaben

aber eine nach der anderen. Dann gab der tschechoslo-
wakische Schiedsrichter einen Foulelfmeter gegen
Deutschland, und alles schien verloren: doch Toni Schumacher konnte parieren.

Das Glück stand der deutschen Mannschaft bis zur 89.
Minute zur Seite. Dann landete ein brillanter Kopfball der
Spanier im Tor der deutschen Mannschaft. Die Pleite war
perfekt. Wir mussten abreisen.

Für Jupp Derwall, dem aus meiner Sicht völlig zu Unrecht in der öffentlichen Diskussion die Schuld am Ausscheiden gegeben wurde, war es das Ende seiner Trainer-
laufbahn im DFB. Die große Zeit von Franz Beckenbauer
sollte beginnen.

WM 1986 – Mexiko, wir kommen!

Die Vorbereitung für die Weltmeisterschaft 1986 in Mexiko verlief wenig überzeugend. Bei einem Vorturnier
1985 verloren wir zunächst 0:3 gegen England und dann
0:2 gegen Mexiko. Eine Pleite auf der ganzen Linie. Nach
dem zweiten Spiel dachte ich eigentlich, dass Franz Beckenbauer jetzt der Mannschaft kräftig die Leviten lesen
würde. Aber das passierte nicht. Franz stellte zwar bei einer Rede vor dem Team klar, dass das Ergebnis alles andere als überzeugend gewesen sei. Er sagte aber auch:
„Wir müssen im nächsten Jahr bei der Weltmeisterschaft
hier in Mexiko überzeugen. Ich erwarte von euch, dass

wir dann im Endspiel stehen werden." Und genau das gelang uns tatsächlich.

Ich erinnere mich an ein weiteres wichtiges Vorbereitungsspiel der deutschen Nationalmannschaft auf die WM 86 in Mexiko am 12. März 1986 im Frankfurter Waldstadion. Der Gegner hieß Brasilien. Es war das Spiel, im dem sich Karl-Heinz Rummenigge an einen Schmerz erinnern sollte, der lange zurücklag. Es war eine dieser Begegnungen, die im Verlauf immer ruppiger wurden, aber das lag nicht an uns. Kalle war, wie so oft in den achtziger Jahren, der Leidtragende. Durch eine seitlich angesetzte Grätsche eines Brasilianers wurde er regelrecht umgetreten, knickte über den Fuß nach außen leicht weg. Er lag auf dem Boden. Teamarzt Professor Hess und ich liefen auf den Platz. Kalles Fuß war völlig verkrampft, er hielt ihn starr. Für mich war es deshalb unmöglich, ihn zu untersuchen. Auch Hess gelang das nicht.

Mit gutem Zureden, und immer wieder unterbrochenen Druck mit einem nassen Gummischwamm versuchten wir den Krampf zu lösen. Der Schiedsrichter reagierte zum Glück gelassen. „Be quiet!", sagte er und signalisierte Geduld. Dann bemerkten wir, dass der Fuß plötzlich lockerer wurde. Kalle bekam einen Tapeverband, er konnte bis zum Ende weiterspielen.

Einige Tage später kam er zur Behandlung zu mir in die Praxis. Warum hast du beim Spiel den Fuß so starr gehalten?", fragte ich. Seine Antwort: „Ich habe vor Jahren schon einmal einen ähnlichen Schmerz wahrgenommen wie bei diesem Spiel gegen Brasilien. Ich bekam nach dem Foul des Brasilianers Angst, dass es sich um dieselbe Verletzung handeln könnte, die ich schon einmal erlebt habe." Damals hatte Kalle zwangsweise länger aussetzen müssen. Die Erinnerung an diese Verletzung hatte ihn auf dem Spielfeld buchstäblich verkrampfen lassen.

Rudi und die weiche Leiste

Für Rudi Völler begann die Vorbereitungsphase vor der Fußball-Weltmeisterschaft 1986 in Mexiko alles andere als erfolgversprechend. Er spielte bei Werder Bremen und musste um seinen Platz in der Nationalelf fürchten. Es war die berühmte „weiche Leiste". Der penetrant auftretende Schmerz ließ über Wochen trotz Behandlung nicht nach. Die Leiste wird im Training und bei jedem Spiel neu belastet und gereizt. Beim Fußball kommt es auch durch Rotationsbewegungen von innen nach außen und umgekehrt und durch das Festhaken der Stollen zu Stoppeffekten und zu permanent ruckartigen Bewegungen. Rudi hatte nach jedem Spiel starke Schmerzen, er war gehandicapt in seiner Bewegungsfreiheit.

Dann folgt der 23. November 1985: Im Match zwischen Bayern München und Werder Bremen kam es zu einem unglücklichen Zweikampf, der zu den bekanntesten in der Geschichte der Fußball-Bundesliga gehört. Beteiligt: Klaus Augenthaler und Rudi Völler. Unglücklicherweise lief Augenthaler während des Spiels mit voller Wucht und meiner Meinung nach unbewusst regelrecht in Rudi Völler hinein, wobei beide Spieler sich beim Fallen verhakten und zu Boden stürzten. Man hat Klaus Augenthaler damals sogar Absicht unterstellt. Rudi, der bekanntlich später auch Bundestrainer war, wurde danach in Belgien an der Leiste operiert.

Am gleichen Ort, an dem übrigens wenige Monate vorher auch der damalige Bayern-Torhüter Jean Marie Pfaff operiert worden war. Rudi musste fünf Monate pausieren. Danach wurde er vorsichtig und langsam wieder aufgebaut - mit Lymph- und klassischen Massagen, aber auch mit hydrotherapeutischen Maßnahmen, also Wasseranwendungen und Elektrotherapie plus Saugglocke. Dazu kamen Aufbaugymnastik, lange Ausdauerläufe und Arbeit an Kraftmaschinen. Rudi arbeitete hart und verbissen an seinem Comeback und schaffte rechtzeitig die Rückkehr in die Fußball-Nationalmannschaft. Bei der Weltmeisterschaft 1986 war er mit dabei.

Diese WM stand ganz einfach im Zeichen vieler Verletzungen. Ich erinnere mich an Olaf Thon, der mit einem Muskelfaseranriss in der Wade nach Mexiko gereist war. Wir hatten damals keinen Zweifel: Wir würden Olaf rechtzeitig fit machen fürs Turnier. Den Faseranriss hatten wir im mittleren Teil der Wade lokalisiert, beim Training legten wir dem Mann von Schalke 04 einen aufwändigen sogenannten Hülsenverband an, bei dem der Fuß frei bleibt.

Doch dann kam die böse Überraschung: Bei einer Drehbewegung, vermutlich durch einen Stoppeffekt der Stolle ausgelöst, riss die Muskelfaser erneut - exakt an derselben Stelle. Das war's für Olaf, frustriert reiste er aus Mexiko ab, ohne einen einzigen Einsatz.

Die Zeit heilt viele Wunden. Genau vier Jahre später sehe ich ihn bei der WM 1990 in Turin anlaufen. Im Kampf um den Einzug ins Finale kann er als letzter deutscher Schütze beim Elfmeterschießen gegen England den Weg ins Endspiel ebnen. Treffer. Olaf verwandelt. Nach ihm kommt noch Chris Waddle, aber der donnert den Ball über die Latte. Sieg, wir stehen im Finale und werden dann Weltmeister. Millionen Zuschauer an den Fernsehern jubeln - so schön kann Fußball sein.

Zwei Flaschen Bier für einen Esel

Olaf Thon war immer ein Nationalspieler, der meine allergrößten Sympathien genoss. Er wurde von seinen Mannschaftskameraden auch „der Professor" genannt - wissbegierig und mit viel Humor. Olaf war an medizinischen Fragen interessiert. Mit Heini Hess stimmte er sich über Verletzungen, Details und Hintergründe ab. Oft hat er auch mich um Rat gebeten. Olaf hat mich auch nach seiner Karriere als Fußballexperte im Fernsehen überzeugt – mit großem Hintergrundwissen, das er professionell vor der Kamera vermittelt.

Beim WM-Endspiel 1990 hatten wir eine lange Busfahrt bis zum Finalort Rom hinter uns. Alle Spieler stiegen aus, holten ihre Koffer, gingen ins Hotel um ihre Zimmernummer zu erfahren. Nur einer fehlte. Es dauerte Minuten, ehe Olaf, die Jacke über der Schulter, erschien. „Wo bleibst du denn", fragte ich ihn. „Ich habe mir noch ein paar Gedanken gemacht", sagte er – und grinste dabei.

Zurück zur WM 1986: Es gab manches zu lachen in Mexiko. Wir besuchten mit der Mannschaft den Sonnentempel und marschierten die steile Treppe hoch. Da war ein Souvenirladen und davor stand ein Esel. Unsere Jungs wurden neugierig. Was macht der Esel hier, fragte einer – ich bin mir nicht mehr ganz sicher, ob es Pierre Littbarski war. Unser Übersetzer machte sich kundig und wirkte etwas verblüfft: „Das Tier ist eine Attraktion, weil es leidenschaftlich gerne Bier trinkt", sagte er. Das musste getestet werden. Zwei Flaschen Bier waren schnell besorgt. Das Öffnen der Flasche mussten wir gar nicht erst erledigen. Der Esel machte das höchst professionell mit seinen Zähnen, schob die Pulle in den Mund und hob seien Kopf. Gerstensaft marsch! In Windeseile musste jetzt die zweite Flasche dran glauben. Wir kamen aus dem Lachen nicht mehr heraus und hatten einen Heidenspaß.

Den sollten wir bis ins Endspiel am 29. Juni 1986 auch nicht verlieren, doch dann verließ uns ausgerechnet im Finale das Glück. Wir verloren unglücklich mit 2:3 gegen Argentinien.

Argentinien liegt bereits 2:0 vorne. Zwar gleichen Rummenigge und Völler binnen neun Minuten aus. Doch Jorge Burruchaga besiegelt nach einem Maradona-Traumpass sechs Minuten vor Schluss die deutsche Niederlage. „Der Geist dieser Mannschaft bestand aus außergewöhnlichen Charakteren", soll Burruchaga hinterher gesagt haben. Das konnte man aber mit Sicherheit auch vom deutschen Team behaupten. Am Ende hatten wir ganz einfach Pech.

Eine Situation mit Maradona beim Spiel der Argentinier gegen England (die Südamerikaner gewinnen 2:1) bei dieser WM wird ewig in Erinnerung bleiben. Englands Torhüter Peter Shilton (1,85 Meter groß) springt hoch um einen Ball aufzunehmen. Auch Maradona (20 Zentimeter kleiner), springt zum Ball und lenkt ihn mit seiner linken Hand über den Torhüter hinweg in die Maschen. Ein klares Handspiel, wie TV-Bilder belegen, aber der Schiedsrichter sieht das anders – und Maradona behauptet hinterher, es sei „die Hand Gottes" gewesen. Junge, hattest du das wirklich nötig?

Schade, auch für Deutschland. Wir hatten nach 1982 zum zweiten Mal in Folge ein Finale verloren. Aber mit Teamchef Beckenbauer hatten wir uns keineswegs schlecht verkauft. Zum zweiten Mal hintereinander hatten wir Frankreich im Halbfinale ausgeschaltet. Zumindest in Europa kam damals niemand an uns vorbei.

EM 1988 – Oranje ganz oben

Als Vizeweltmeister traten wir an zur Europameisterschaft im eigenen Land. Klar, dass die Erwartungshaltung hoch war. Alles begann mit einem sehr unerfreulichen Ereignis bei einem Vorbereitungsspiel gegen eine unterklassige Mannschaft in einem Vorort von München. Der Zuschauerandrang war immens, niemand wollte sich den Auftritt der Nationalmannschaft entgehen lassen.

Einige übermotivierte Besucher hatten sich in die Schaufel eines Baggers gestellt und nach oben bugsieren lassen. So standen sie hoch über dem Feld und genossen einen tollen Ausblick. Ein vermeintliches Privileg mit schlimmen Folgen. Wer auch immer daran schuld war: Irgendjemand brachte die Schaufel in die Kippstellung. Alle, die darin Platz gefunden hatten, stürzten aus großer Höhe in die Tiefe. Hess und ich spurteten zum Unfallort und leisteten Erste Hilfe. Es gab viele Verletzte, eine Frau erlitt ein Schädel-Hirn-Trauma.

Wir hatten eine schwere Vorrundengruppe erwischt und erreichten im Auftaktspiel gegen Italien in Düsseldorf mit Ach und Krach ein 1:1 Remis. Doch dann konnte sich das Team steigern. 2:0 gegen Dänemark, 2:0 gegen Spanien mit Rudi Völler als zweifachem Torschützen, alles im grünen Bereich, so schien es.

Das Halbfinale. Als Außenseiter waren die Niederländer nach Deutschland gereist. Die letzten sechs Jahre hatten sie sich weder für eine WM- noch eine EM-Endrunde qualifiziert. Und nun standen sie im Halbfinale gegen Deutschland. Die Neuauflage des WM-Endspiels von 1974, diesmal im Hamburger Volksparkstadion.

Zunächst lief für uns alles nach Plan, Lothar Matthäus verwandelte in der 55. Minute einen von Jürgen Klinsmann herausgeholten Elfmeter zum 1:0. Doch in Minute 74 zeigte der rumänische Schiedsrichter Igna nach einem Foul von Jürgen Kohler an Marco van Basten ebenfalls auf den Punkt. Ein umstrittener Elfer, von außen sah es so aus, als hätte Kohler den Ball gespielt. Ronald Koeman lief an und traf zum Ausgleich.

Zwei Minuten noch bis zur Verlängerung. Jan Wouters passt in den Strafraum. Marco van Basten ist Bruchteile von Sekunden eher am Ball als sein Bewacher Kohler. Mit der rechten Fußspitze kann van Basten entscheidend die Richtung des Balls ändern. Torhüter Eike Immel ist geschlagen. Holland gewinnt 2:1, steht im Finale und holt danach auch den EM-Titel gegen die Sowjetunion, Deutschland ist draußen.

Eine große Enttäuschung und eine irritierende Szene unmittelbar nach dem Abpfiff: Koeman tauscht sein Trikot mit Olaf Thon und wischt sich Sekunden später symbolisch damit den Hintern. Einige Tage später lese ich, wie Koeman sein respektloses Verhalten nachträglich einschätzt: „Ich weiß zwar, dass ich es nicht hätte tun sollen. Aber zu sagen, dass ich es bereue? Nein, wirklich nicht."

Um ehrlich zu sein: ich habe viel erlebt in all den Jahrzehnten in unzähligen Fußballstadien rund um den Globus. Aber dazu fällt mir nichts mehr ein. Außer vielleicht, dass Koeman im selben Jahr noch Fußballer des Jahres in den Niederlanden wurde. Herzlichen Glückwunsch!

Der Hase in meinem Koffer

Wenn man mich fragt, ob es irgendwann im meiner langen Zeit beim DFB ein Ereignis gab, nach
dem ich am liebsten die Brocken hingeworfen
hätte, dann war das eine Geschichte, die im Vorfeld der
WM 1990 in Italien passierte und bei der, wie könnte es
anders sein, wieder mal Sepp Maier seine berühmten Finger im Spiel hatte.

Wie waren in einem Trainingslager in Kaldern in Südtirol. Die Nationalspieler trainierten gerade auf einem Ra-
senplatz, zwei Stunden später sollte Wolfgang Schäuble
zu einem Besuch eintreffen, der damals noch Bundesin-
nenminister war.

Ich stehe also wie immer an der Außenlinie und nehme
plötzlich wahr, dass Andy Brehme auf dem Boden liegt.
Ich habe weder einen Zusammenstoß mit einem anderen
Spieler registriert noch gesehen, dass Andy mit einem
Bein umgeknickt wäre. Es gibt keine Anzeichen für eine
Verletzung. Franz Beckenbauer, von vorneherein in die
Geschichte eingeweiht, ruft mir zu: „Adi, willst du nicht
kommen?" Ich renne sofort los. Kurz vor der angeblichen
Verletzung hatte Klaus Eder plötzlich hinter mir gestan-
den und gesagt, er brauche mal eben ganz schnell meinen
Medizinkoffer. Seinen eigenen Koffer ließ er als Ersatz bei
mir.

Ich laufe also, wie immer, mit dem Koffer in der einen
und der Eisbox in der anderen Hand aufs Spielfeld. Ich
merke sofort, dass irgendetwas mit den unterschiedlichen

Gewichten nicht stimmt. Box und Koffer haben bei mir ungefähr das gleiche Gewicht. Diesmal ist aber alles anders, die Box ist viel schwerer, das kommt mir komisch vor. Ich erreiche Andy, bücke mich, mache den Koffer auf und ein Hase springt raus. Ich denke, mich trifft der Schlag.

Hinterher stellt sich heraus, dass das Team unter Anleitung von Sepp Maier versucht hatte, für die Aktion einen Feldhasen zu bekommen, der auf dem Rasen wohl einen Querhaken nach dem anderen geschlagen hätte. Das macht der Stallhase aus meinem Koffer nicht, er hat große Angst. Vielleicht denkt er, sein letztes Stündlein hätte geschlagen. Ich bin stinksauer. Jetzt geht es darum, das Tier wieder einzufangen. Der Hase wehrt sich, kratzt und fährt seine Krallen aus. Keine der Spieler traut sich da noch, den Vierbeiner anzufassen. Dann kommt der große Auftritt von Lothar Matthäus. Dem gelingt es tatsächlich, Meister Lampe tiergerecht und professionell im Nacken zu packen und zurück in den Koffer zu setzen. Am Ende wird Lothar dennoch von dem wütenden Tier gekratzt.

Franz – der Seelentröster

Ein kleiner Spaß des Teams, alles nochmal gutgegangen? Nix da, ich war wütend, total erschrocken und wollte abreisen, meine Lust war auf dem Nullpunkt angelangt. Franz hatte meine Verärgerung wahrgenommen. Er legte seinen Arm um mich und sagte: „Wenn wir gewusst hätten, dass du dich so sehr darüber ärgerst, dann hätten wir das nicht gemacht." Die Sache unter den Tisch kehren – das hatte sich zu diesem Zeitpunkt bereits erledigt. „Du bist jetzt weltbekannt", sagte Franz. Der Grund: die Geschichte war schon über die großen Nachrichtenagenturen gelaufen, machte grenzübergreifend die Runde, Adi und der Hase im Koffer, da gab es nichts mehr zu verheimlichen.

Franz beruhigte mich und bat mich weiterzumachen. Der Hauptakteur der Aktion wird bestraft, kündigte er schmunzelnd an, und das war natürlich Sepp Maier gewesen. Drei Tage später beim Abendessen passierte es dann. Sepp wurde gebeten, an ein Telefon außerhalb des Speisesaals zu kommen, ein Fake-Anruf, alles war gut vorbereitet. Sepp stand auf und verschwand. Franz saß ihm direkt gegenüber. Da stand unbeobachtet sein Objekt der Begierde – Sepps Schnupftabakdose. Franz fackelte nicht lang, nahm Pfeffer, der auch auf dem Tisch stand, schüttete ihn zum Tabak und mischte alles fein säuberlich mit einem Löffel. Nach unendlich langer Zeit kam Sepp zurück. Irgendwie schien ihn das Telefonat ziemlich aufgewühlt zu haben. Er hatte nur einen einzigen Wunsch – eine Prise Schnupftabak. Dass der Tabak durch die Mischung silbern glänzte, realisierte er nicht.

Sepp nahm eine stramme Ladung, zog sie voll in die Nase. Schlagartig veränderte sich sein Gesicht: er merkte, dass irgendetwas nicht stimmt. Wir hätten brüllen können vor Lachen und mussten ernst bleiben. Dann holte Sepp beinahe verzweifelt sein Taschentuch, und die fürchterliche Mischung schoss raus aus seiner Nase. Das Tuch nahm rasch eine Farbe an, als wäre es aus dem Hemd eines HJ-Fähnlein-Führers herausgeschnitten worden. „Das war die Rache des Hasen", sagte Franz grinsend, und die Gaudi im Saal war groß.

Jahre später hat mich Sepp in die Quizsendung „Auf los geht's los mit Joachim Fuchsberger eingeladen, in der er auftrat. Vier Kandidaten mussten durch Fragen zur Vorgabe „Mein Name ist Hase" die Story erraten. Alice Schwarzer konnte sich an die Geschichte aus Südtirol erinnern, weil sie davon in der Zeitung gelesen hatte

Auch Sepp sollte übrigens nach der Schnupftabak-Nummer bei Franz nochmal eine Gegenattacke starten. Franz hatte die Angewohnheit, morgens einen speziellen Gesundheitsrank der Marke Bienenzell aus einer Art Reagenzglas mit Korkverschluss zu sich zu nehmen. Sepp schlich bei passender Gelegenheit ins offene Zimmer von Franz und ersetzte den Gesundheitsrank aus einem der Gläser mit Whisky. So waren sie eben, die Jungs, begnadete Fußballer, und immer für einen Spaß zu haben.

Immer wieder der Sepp

Mir fällt dazu noch eine Geschichte ein, die viele Jahre vorher in der Ära Helmut Schön passierte. Es war bei einem Spiel gegen die Türkei in Ankara. Die Mannschaft sitzt bereits im Bus. Sepp Maier fängt im Nieselregen Helmut Schön ab, hält eine Ansichtskarte in der Hand und bittet den Trainer um ein Autogramm. Schön will der Bitte freundlich nachkommen, hat aber keinen Stift zur Hand. Darauf hat Sepp nur gewartet. Er reicht einen Kugelschreiber, Schön nimmt ihn, setzt mit der Unterschrift an und bekommt plötzlich einen leichten Schlag. Erschrocken lässt er Karte und Stift fallen. Ein präparierter Schreiber mit kleiner Batterie hat den Schlag ausgelöst.

Die Jungs im Bus kriegen sich nicht mehr ein vor Lachen, der Trainer ist vorübergehend ein wenig stinkig. Aber bei Sepp, dem alten Schlitzohr, kann niemand wirklich nachtragend sein – und Helmut Schön schon gar nicht. Udo Jürgens hat dem Meistertrainer bekanntlich mit seinem Lied „Der Mann mit der Mütze geht nach Haus" ein echtes Denkmal gesetzt. „Du warst ein General mit Herz, ein Freund zugleich und Boss", sang Udo: „Du wusstest Rat und manchen Trick, und rittest nie das hohe Ross." Treffender hätte man Helmut Schön sicher nicht charakterisieren können.

WM 1990 – Wir siegen in Italien

Wir sind schon auf dem Brenner, wir brennen schon darauf" – die schmissige WM-Hymne von Udo Jürgens sollte uns in den kommenden Wochen begleiten bis zum Triumph. Der Weg dahin war nicht leicht – und, wie kann es anders sein, auch ein wenig vom Glück begünstigt, ohne das man einen WM-Titel ohnehin nicht holen kann.

Unvergessen bleibt das Achtelfinalspiel gegen den Erzrivalen Holland in Mailand am 24. Juni 1990. In der Vorrunde war das Team – wenn überhaupt – eher mit sehr bescheidenem Auftreten aufgefallen.

Das Spiel läuft ruhig bis zur 22. Minute: Nach einem eher harmlosen Rempler zwischen Rudi Völler und Hollands Keeper Hans van Breukelen kommt es zu einem Wortgefecht, in das sich der eigentlich unbeteiligte Frank Rijkaard voll einmischt. Er zieht Rudi an den Haaren. Der argentinische Schiedsrichter Loustao zeigt beiden Spielern die rote Karte.

Dann passierte etwas, was sicher in der WM-Geschichte der deutschen Nationalmannschaft unvergessen bleibt. Beim Verlassen des Spielfeldes wird Rudi von Rijkaard bespuckt. Eine Szene, die bis heute immer dann zu sehen ist, wenn im Fernsehen die ganz spezielle Länderspielgeschichte zwischen Deutschland und den Niederlanden gezeigt wird. Mit Zehn gegen Zehn geht's weiter. Und die deutsche Mannschaft kommt mit dieser Situation besser klar. Jürgen Klinsmann, der ein tolles Spiel macht, erzielt in der 51. Minute den Führungstreffer und hat im weiteren Verlauf des Treffens bei einem Pfostenschuss großes Pech. Egal, denn Andy Brehme gelingt vier Minuten vor dem Abpfiff das 2:0. Die Holländer schaffen mit einem Elfmeter kurz vor Schluss noch den Anschlusstreffer, aber das ist nur eine kosmetische Korrektur. Wir gewinnen und sind weiter. Holland ist raus.

Im wichtigen Viertelfinalspiel gegen die Tschechen liegen wir mit eins zu null in Führung, nachdem Lothar Matthäus nach 24 Minuten einen Foulelfmeter verwandelt hat. Beckenbauer ist schon in der Pause sauer, weil unser Spiel zu sehr auf Einzelaktionen baut. Dann fliegt in der 70. Minute ein gegnerischer Spieler vom Platz, doch unsere Mannschaft kann aus dieser Überzahl nicht wirklich Kapital schlagen. Die Tschechoslowaken bleiben weiter brandgefährlich, sind dem Ausgleich näher als wir dem Sieg.

„Schüler-Mannschaft!"

Beckenbauer kann es von der Seitenlinie nicht mit ansehen und wird wütend. Irgendwann reißt er sich dann verärgert die Brille vom Gesicht und schreit „Schüler-Mannschaft!" Selten habe ich ihn so verärgert gesehen. Vielleicht hat es etwas genutzt. Wir gewinnen, weiter geht's, das Halbfinale findet in Turin gegen England statt.

Wir sind kaum angekommen im Hotel, da fahren wir direkt weiter zum Trainingsgelände. Teamarzt Hess, mein

Kollege Montag und ich stehen an der Außenlinie und beobachten, dass Beckenbauer zwei Spieler zu sich in den Mittelkreis ruft. Uwe Bein und Pierre Littbarski. Hinterher erfahren wir, was er von den Jungs wissen wollte. Er sprach ein Thema an, das wir im Betreuerstab ohnehin schon als Problem erkannt hatten. „Könnt ihr beide zu 100 Prozent spielen", fragt er, beide sagen „ja". „Und zu 130 Prozent?" Da räumen die Spieler Zweifel ein. Am Ende ist es so, dass Littbarski und Bein fürs Halbfinale nicht berücksichtigt werden. Im Finale gegen Argentinien ist Litti wieder dabei und Uwe sitzt auf der Bank.

Uwe Bein von Eintracht Frankfurt hatte in der Vorrunde gegen Jugoslawien und die Arabischen Emirate in der Startelf gestanden und sich im Spiel gegen die Tschechoslowakei eine schwere Fußprellung zugezogen. Hansi Montag und ich mussten uns nach der Aufstellungs-Endscheidung fürs Halbfinale harte Kritik anhören. Littbarski kritisierte Montag. Bein, von mir betreut, warf mir vor, ich hätte im Gespräch mit Beckenbauer die Auffassung vertreten, seine Verletzung sei so gravierend, dass er nicht spielen könne. Eine Kritik, die absolut nicht berechtigt war. Bein lag da falsch. Diesen Rat an den Trainer hatte es von mir nicht gegeben.

Fakt ist: Nach einem dramatischen Spiel gewinnen wir im Halbfinale gegen England mit 5:4 im Elfmeterschießen, die Tür fürs Endspiel ist geöffnet. Andy Brehme bringt uns in der 59. Minute in Führung. Gary Lineker gleicht nach 80 Minuten aus. Die Verlängerung bringt keine Entscheidung, es kommt zum Elfmeterschießen – und wir haben wieder einmal die besseren Nerven.

Gary Lineker sagte nach dem Spiel: „Fußball ist, wenn 22 spielen, und am Ende gewinnt immer Deutschland." Klar – das ist ein toller, schmeichelhafter Satz, den jeder Deutsche gerne hört. Nur – am Ende ist er in den Jahren danach bei jeder nur halbwegs passenden Gelegenheit zitiert worden – immer und immer wieder. Irgendwann muss auch mal gut sein. Am Ende konnte ich ihn nicht mehr hören.

Rom, 8. Juli 1990, das WM-Endspiel. Zum dritten Mal in Folge mit deutscher Beteiligung, und zum dritten Mal stehe ich an der Seitenlinie mit meinem Massagekoffer bereit.

Die entscheidende Szene in der 54. Minute. Elfmeter für Deutschland. Lothar Matthäus ist als Schütze Nummer Eins vorgesehen, aber er legt sich den Ball nicht zurecht. Hinterher hat Lothar ziemlich überzeugend erklärt, warum. Er hatte in der Halbzeitpause seine Schuhe gewechselt und fühlte sich deshalb nicht sicher. Andy Brehme geht zum Punkt, legt sich den Ball zurecht und trifft. Deutschland ist Weltmeister – und das voll verdient. Hinterher weist die Statistik aus, dass unsere Elf 23mal auf das Tor der Argentinier geschossen hat, die Südamerikaner haben das nur ein einziges Mal geschafft.

Ich sehe, wie Maradona weint. Das ist keine Schau, das sind echte Tränen. Der Argentinier tut mir leid. Er ist bei diesem Turnier nicht fit gewesen, aber sein Team hat wohl allzu oft die Verantwortung allein auf seinen Schultern abgeladen. Maradona ist bei allen Widersprüchen als Fußballer immer ein echter Typ gewesen. Und irgendwie passt dann auch dazu, dass er hinterher, als alles vorbei war, im Gespräch mit Journalisten einige schräge Botschaften an die Welt richtete: „Es ist die schlimmste Erfahrung meines Lebens. Es gab eine Verschwörung gegen uns. Eine schwarze Hand hat unsere Niederlage gewollt."

Franz sieht man nach dem Abpfiff melancholisch mutterseelenallein über den Platz laufen. An Maradonas schwarze Hand wird er nicht gedacht haben. Er hat in diesem Augenblick alles erreicht, was du als Fußballspieler erreichen kannst.

Der doppelte WM-Titel

In München war Beckenbauer 1974 Weltmeister geworden, hatte als begnadeter Spieler Zeichen gesetzt und den Libero-Part völlig neu interpretiert. Die kompromisslose Härte anderer Abwehrspieler war für ihn kein Thema. Ebenso wenig das Wegdreschen des Balles nach dem Zufallsprinzip. Franz leitete vielmehr mit genialen Pässen die Angriffe ein und wurde zum Dreh- und Angelpunkt in der Defensive. Und jetzt, 1990, kam der Erfolg als Trainer hinzu. Diesen doppelten WM-Titel – als Spieler und als Trainer – hatte vor ihm nur der Brasilianer Zagalo geschaffte.

Schon beim WM-Gewinn 1974 hatte ich mich riesig für Franz als Kapitän gefreut. Auch in der Siegesnacht von Rom war ich unglaublich stolz auf ihn. Und ich war natürlich glücklich und erleichtert, dass er sich wie immer auf mich und unser gesamtes Betreuerteam hatte verlassen können.

Franz war ein Mensch, der niemals nachtragend war. Das machte ihn zu einem sehr angenehmen Teamchef. Es gab durchaus auch Trainer in meiner langen Zeit beim DFB, die diese Charaktereigenschaft nicht besaßen. Da ich selbst aber auch kein nachtragender Mensch bin, will ich dieses Thema nicht vertiefen.

Am Abend nach dem Endspiel gab's dann einen Empfang mit Feuerwerk, den das Hotel arrangiert hatte. Da verkündete Franz, dass er sein Amt als Teamchef aufgeben werde. „Mein Nachfolger kommt aus unserer Weltmeistermannschaft von 1974", sagte Franz, „es ist Berti Vogts." Er reichte Berti die Hand, wünschte ihm viel Glück und Erfolg.

Den sollte der Ex-Gladbacher tatsächlich noch haben – doch der Weg dorthin - das war damals noch nicht abzusehen - würde weit und dornig sein. „Es tut mir leid für den Rest der Welt, doch wir werden jetzt, wenn auch noch die ostdeutschen Spieler hinzukommen, in den nächsten Jahren nicht mehr zu besiegen sein", hatte Franz im ersten Moment voller Freude nach unserem Sieg gegen Argentinien gesagt. Was für eine hohe Bürde für Berti, der aber bereit war, diese Vorschusslorbeeren als Herausforderung anzunehmen.

Guido Buchwald in Lebensgefahr

Es gibt eine Entwicklung im modernen Profifußball, die mir nicht gefällt: Immer häufiger bleiben Spieler verletzt auf dem Boden liegen, und das Spiel läuft einfach weiter. Der Schiedsrichter bewegt sich dann in Richtung des Balls und hat den Verletzten oft schon Sekundenbruchteile später nicht mehr im Blick. Hier wäre viel schneller und häufiger eine Intervention der Linienrichter wichtig, zumal diese ja per Funk mit dem Schiedsrichter verbunden sind.

Natürlich muss man immer damit rechnen, dass ein Spieler eine Verletzung vortäuscht, aber das ändert nichts an der Pflicht, in dieser Situation den Spielfluss zu unterbrechen. Denn zunächst muss schnell geklärt werden, wie ernst die Verletzung des Fußballers auf dem Spielfeld tatsächlich ist. Liegt womöglich gar eine Lebensbedrohung vor? Muss sofort reagiert werden?

Es kann solche Situationen durchaus geben, wie ich bei der Fußball-Europameisterschaft 1992 in Schweden im Spiel der deutschen Mannschaft gegen Schottland selbst erlebt habe. Eine Begegnung übrigens, die wir am Ende 2:0 gewonnen haben und die ich nie vergessen werde.

Alles begann zunächst damit, dass Stefan Reuter (1. FC Nürnberg, später Bayern München) beim Kampf um den Ball mit einem Spieler der Schotten zusammenstieß. Beide prallten mit den Köpfen aufeinander und fielen zu Boden. Stefan war an der Stirn getroffen worden. Teamarzt Professor Heinrich Hess und ich liefen auf den

Platz. Reuter hatte eine Platzwunde am Kopf. Es gelang uns, die Blutung mit stabilen Mullkompressen und einem Kopfverband zu stoppen, aber die Wunde musste unbedingt genäht werden. Hess begleitete Reuter deshalb auf dem Weg in die Kabine.

Das Spiel lief weiter, ich saß jetzt mit Winfried Kindermann auf der Auswechselbank. Kurze Zeit später entstand folgende Situation: Guido Buchwald und ein Gegenspieler sprangen gemeinsam hoch zum Kopfball, der Schotte traf Buchwald an der Schläfe und Guido stürzte fast – ich will es mal so formulieren: wie Wackelpudding auf den Boden. Wir realisierten an der Seitenlinie sofort, dass dringend Hilfe nötig war. Auch der Schiedsrichter erkannte die gefährliche Situation. Er pfiff das Spiel ab und winkte mich herbei.

Ich rannte auf den Platz. Guido röchelte, seine Finger verkrampften im Gras. Dann bemerkte ich, dass ihm seine Zunge in den Hals gerutscht war, er bekam keine Luft mehr. Es ging jetzt um jede Sekunde. Ich drückte sofort meinen Daumen zwischen Unter- und Oberkiefer seiner Backe, der Mund öffnete sich. Mit meinem Zeigefinger versuchte ich dann, seine Zunge zu greifen. Guido verkrampfte aber immer stärker und dann spürte ich einen kurzen Schmerz. Er hatte mir so tief in den Finger gebissen, dass ich blutete. Klar war in dieser Situation: Rutscht seine Zunge weiter zurück, kann nur noch ein Luftröhrenschnitt helfen. Beim zweiten Anlauf funktionierte es dann aber doch: Ich konnte die Zunge fassen und zog sie heraus. Er wurde plötzlich wach, die Augen gingen auf und er fragte: „Was ist denn los?" Ich sagte:

„Nichts". Dann schloss er wieder seine Augen und fiel in einen Dämmerzustand.

Wir brachten Guido vom Platz und legten ihn vorsichtig hinter eines der beiden Fußballtore. Da bemerkte ich, dass aus einem seiner Ohren Blut tropfte. Für Sekunden war ich geschockt und befürchtete einen Schädelbasisbruch. Ich nahm dann eine sterile Mullkompresse, rollte sie zusammen und wischte mit der Spitze der Kompresse vorsichtig Blut ab. Dann bemerkte ich einen kleinen Einriss in der Ohrmuschel, das war offenbar die Ursache der Blutung.

Just in diesem Moment wurde Guido wieder wach und brüllte mich an: „Du tust mir weh!" Im gleichen Moment schlug er mit seiner rechten Hand nach mir – und das mit großer Wucht. Hätte er mich dabei am Kopf getroffen, hätten wir womöglich auf einmal zu zweit hinter dem Tor nebeneinander gelegen.

Professor Heß war nach der Versorgung von Stefan Reuter wieder aus der Kabine gekommen. Er untersuchte Guido, der danach im Krankenwagen in die Uniklinik Göteborg gefahren wurde. Die Ärzte dort checkten ihn nochmal durch. Am Abend saß er schon wieder auf meiner Massagebank und machte Witze. Alles nochmal gut gegangen. Die Narbe an meiner Hand aber erinnert bis heute an dieses Erlebnis, das ich nie vergessen werde. Guidos Biss bleibt die einzige schmerzhafte Erinnerung an mehr als 40 Jahre beim DFB.

Einen Tag später sitze ich mit Heinrich Hess auf einem Mauersims am Rand des Trainingsgeländes. Wir werden unsanft aufgeschreckt „Heini, Adi, kommt mal schnell, hier ist wieder etwas passiert," rufen einige Spieler. Wir können es nicht glauben. Da liegt doch tatsächlich Guido Buchwald schon wieder auf dem Rasen. Glücklicherweise nichts Gravierendes – er kann nach kurzer Zeit weitermachen. Natürlich entstehen die allermeisten Verletzungen auf dem Spielfeld nicht so spektakulär wie bei diesem Spiel. Die Regel ist bekanntlich, dass der Spieler an der Außenlinie behandelt wird. Dabei geht es nicht darum, einen exakten Befund zu erheben, denn das ist meist überhaupt nicht möglich. Es geht um Sofortmaßnahmen und nicht um Therapie. Die Maßnahmen bei der Erstversorgung gelten für eine begrenzte Zeit, es muss sichergestellt sein, dass alle Optionen für weitere Therapien offenbleiben.

Der gute Physiotherapeut

Ich bin immer wieder gefragt worden, was eigentlich einen guten Physiotherapeuten ausmacht, und ich glaube, dass folgende Kriterien unerlässlich sind: Zunächst einmal geht es um Zuwendung. Der Physiotherapeut lässt sich bei der Behandlung nach dem Spiel von dem verletzten Sportler den Ablauf, den Hergang des Unfalls, des Ereignisses und die Beschwerden genau schildern. Er tastet dann zunächst vorsichtig das Gewebe ab. Dabei bemüht er sich um große Sorgsamkeit, um die örtlichen Veränderungen der Muskulatur und Umgebung der Verletzung zu erkennen. Er erhebt einen Gesamtstatus der Skelettmuskulatur und betrachtet den gesamten Körper, die Gesamtstatik und Haltung des Körpers. Während der Untersuchung wird er wiederholt nachfragen. Er erstellt dann ein Programm, das durch Nachfragen auch bei weiteren Behandlungen immer wieder überprüft wird. Dann erst beginnt die Behandlung. Generell lässt sich sagen, dass es eine Grundlage gibt, die in jeder Situation zwischen Spieler und Physiotherapeut vorhanden sein muss. Und das ist Vertrauen.

Es entstand stets durch meine Arbeit. Ich habe bei einem angeschlagenen Spieler so lange gesucht, bis ich den Grund gefunden habe. Das hat viele Spieler beeindruckt. Ich kann mich noch gut daran erinnern, wie es zum Beispiel mit Gerald Asamoah von Schalke 04 anfing. Er hatte verhärtete Waden. Wenn ich die massiert habe, dann hätte ich auch eine Litfaßsäule massieren können. Ich musste ihn jeden Tag massieren. Er hat aber gemerkt, dass die Muskeln frei wurden, dass etwas passiert in seinem Körper. So baute er schnell zu mir Vertrauen auf, obwohl wir uns nicht lange kannten.

Ich muss an dieser Stelle noch einmal darauf hinweisen, dass ich in all den vielen Jahren nicht nur der Masseur für die Profifußballer gewesen bin. In unserer Frankfurter Physiotherapie-Praxis habe ich regelmäßig Kassenpatienten behandelt. Berühmt oder nicht berühmt, das spielte für mich niemals eine Rolle. Mein Ziel war es immer, alles zu tun, damit es dem einzelnen Patienten besser geht!

1994 - Schachmatt bei 50 Grad

W illkommen in den USA! Der Weltmeister von 1990 will vier Jahre später seinen Titel verteidigen. Schön wär's gewesen, muss man im Nachhinein sagen. Wir hatten zwei eher mäßige Spiele zum WM-Auftakt abgeliefert, ein 1:0 Sieg gegen Bolivien und ein 1:1 gegen Spanien. Im Cotton Bowl von Dallas führten wir im dritten Match gegen Südkorea bei Halbzeit mit drei zu null. Doch dann hielten die Asiaten immer stärker dagegen. Sie schossen zwei Tore, wir schienen schachmatt. 50 Grad Hitze machten den Spielern schwer zu schaffen. Wir hatten am Ende Glück, dass der Abpfiff kam, der Ausgleich hatte buchstäblich in der Luft gelegen.

Zwischendurch machten sich in der zweiten Hälfte deutsche Fans mit einem gellenden Pfeifkonzert bemerkbar. Vor allem Stefan Effenberg erntete gnadenlose Pfiffe. Nach einer gelben Karte holt Berti Vogts ihn vom Platz. Als die Fans Effenbergs Abgang lautstark mit abfälligen Kommentaren quittierten, zeigt ihnen der verärgerte Spieler den ausgestreckten Mittelfinger.

Berti ließ sich das nicht bieten: Er warf Effenberg aus dem Kader: „Solange ich für die Nationalmannschaft verantwortlich bin, wird Stefan Effenberg nicht mehr für Deutschland spielen," teilte Berti der Presse mit. DFB-Präsident Egidius Braun ließ keinen Zweifel, dass der Trainer eine völlig korrekte Entscheidung getroffen hatte.

Ich hatte mit Stefan Effenberg während seiner Zeit als Nationalspieler so einige Probleme. Das galt vor allem bei

Massageterminen. Mal kam er später, mal gar nicht. Ich weiß noch, wie wir mal bei einem Länderspiel beim Abendessen saßen und ich danach dann Effenberg behandeln sollte. Ich hatte mich mit ihm abgesprochen. Als ich vom Tisch aufstand, um mich fertig zu machen, lachte dann auf einmal Mario Basler laut los. Er war ein guter Freund von Effenberg und prognostizierte, der würde im Leben nicht bei der Behandlung auftauchen. Ich habe eine ganze Weile im Massageraum gewartet – vergebens. Mir war es dann auch egal, ob er noch kommen würde oder nicht. Doch auf einmal klopft es an der Tür. Basler kam mit Effenberg im Arm herein und sagte: Da hast du ihn.

Die WM in den USA aber verknüpfe ich bis heute mit einer weitaus unangenehmeren Erinnerung an Effenberg. Die Szene habe ich noch genau vor Augen. Er liegt auf meiner Massageliege und wird von mir behandelt. Ich bin zu dieser Zeit in großer Sorge um meinen schwerkranken Sohn zuhause, die Möglichkeit, eben mal über Handy Kontakt nach Deutschland aufzunehmen, gab es damals noch nicht. In dem Moment klingelt das Telefon in unmittelbarer Nähe der Massagebank. Ich nehme ab, meine Frau hat es tatsächlich geschafft durchzukommen und kann mir kurz berichten, wie es meinem Sohn geht.

Natürlich muss ich meine Arbeit für wenige Momente unterbrechen. Das missfällt Effenberg, und zwar auf der ganzen Linie. Er macht eine widerlich-vulgäre, zutiefst verletzende Bemerkung, indem er sich extrem abfällig über meine Frau äußert. Wie ein Pascha, selbstgerecht und selbstgefällig liegt er da, gewiss ein begnadeter

Fußballer und Schlüsselspieler, ungemein wichtig für die Mannschaft, aber einer, dem der Ruhm offensichtlich zu Kopf gestiegen ist. Seine Reaktion war – um es sehr vorsichtig zu formulieren - nicht fair, diese Behandlung hatte ich nicht verdient.

Im Massageraum war der Konflikt wahrgenommen worden. Sehr schnell war auch die Mannschaft informiert. Mario Basler hatte einen sehr direkten Draht zu Effenberg, er soll vergeblich versucht haben, ihn davon zu überzeugen, dass er sich bei mir entschuldigen müsse. Diese Größe hatte Effenberg nicht, dafür aber Kapitän Lothar Matthäus. Der entschuldigte sich hinterher stellvertretend für die ganze Mannschaft bei mir und telefonierte – und das an einem Spieltag - mit meiner Frau Sylvia, um es ihr persönlich zu sagen. Alle Achtung, Lothar, das rechne ich dir bis heute hoch an! Ich habe lange überlegt, ob ich diese Geschichte in meinen Lebenserinnerungen zum Thema machen soll. Ich denke, sie sollte nicht verschwiegen werden, denn ich selbst und meine Familie waren unmittelbar betroffen. Da gibt es keine Schweigepflicht.

Das Aus gegen Bulgarien

Zurück zur WM 1994 in den USA: Es folgte das Achtelfinale gegen Belgien, das wir 3:2 gewinnen konnten. Zwischenzeitlich hatte sich der Fokus der Journalisten nicht in Richtung USA, sondern auf Kolumbien gerichtet.

Und das war der Grund: Kolumbiens Verteidiger Andrés Escobar hatte ein unglückliches Eigentor zur 1:2-Vorrundenniederlage gegen die USA geschossen. Kurz nach der Heimreise wurde er in Medellin auf offener Straße mit zwölf Schüssen regelrecht hingerichtet. „Danke für das Eigentor", soll einer der Attentäter gerufen haben. Escobars Ermordung wird dem berüchtigten Medellin-Drogenkartell angelastet, das große Summen auf ein Weiterkommen Kolumbiens gesetzt haben soll.

Im Viertelfinale musste die deutsche Elf dann gegen Bulgarien antreten. Bis zur Halbzeit war alles offen. Nach dem Wiederanpfiff gingen wir sogar mit einem Elfmeter-Tor von Lothar Matthäus in Führung. Alles schien planmäßig zu laufen. Doch das war eine Fehleinschätzung. Den Bulgaren gelang es, innerhalb von nur drei Minuten das Spiel komplett zu drehen. In der 75. Minute schaffte Hristo Stoichkov den Ausgleich, in der 78. Minute schoss Yordan Letchkov vom Hamburger SV unser Team endgültig ab. 1:2, Abfiff. Alles verspielt. Damit hatte keiner gerechnet. Deutschland war es zum ersten Mal seit 1978 nicht gelungen, ins Finale bei einer Weltmeisterschaft einzuziehen. Die Enttäuschung in unserem Team war riesengroß, wir waren raus aus dem Turnier. Frust machte sich breit. Was für eine Pleite.

Es hatte in den Vereinigten Staaten im Laufe der WM nicht wenige Irritationen gegeben. Bayern Münchens Teamarzt Hans-Wilhelm Müller-Wohlfart war heimlich aus München nach Dallas angereist und behandelte die Jungs aus seinem Team in einem Hotel nahe unseres Aufenthaltsorts. Das konnte natürlich nicht Sinn der

Sache sein – zumindest nicht während der laufenden WM. Weil Müller-Wohlfart aber einen sehr guten Ruf als Arzt hatte, beschloss man beim DFB dann später, ihn zum Teamarzt der Nationalmannschaft zu machen. Ich denke, das war eine kluge Entscheidung.

Irgendwann während des Turniers kam es zu einem bedauerlichen Unfall. Das Team war abends zu einem Termin bei der Fastfoodkette McDonalds mit Journalisten eingeladen. Es goss in Strömen, als der Bus vom Hotel aus losfuhr. Als wir ankamen, hatten die Pressevertreter schon das meiste vom Buffet weggegessen. Für die Spieler war nichts mehr übriggeblieben. Wir waren verblüfft und auch ein wenig verärgert. Rudi Völler überzeugte Berti Vogts: Die Jungs haben Kohldampf, wir fahren einfach wieder ins Hotel zurück.

Es regnete wie aus Kübeln. Beim Hotel stieg zunächst der Fahrer aus dem Bus. Mein Masseur-Kollege Hansi Montag ging rückwärts die Treppe runter und hielt sich an der Bustür fest. Plötzlich stolperte er, fiel nach hinten und knallte mit dem Kopf auf die Bordsteinkante. Wir riefen einen Rettungswagen, der ihn in eine Klinik brachte. Ich denke, er hatte eine Blutung. Hansi, mit dem ich immer prima zusammengearbeitet hatte, starb zu meinem großen Bedauern drei Jahre später an einem Aneurysma im Kopf. Bis heute bin ich überzeugt, dass es einen Zusammenhang mit diesem unglücklichen Sturz gab.

Boris Beckers dicke Geldbörse

Hat es jemals bei einem großen Wettbewerb eine derart lange Verletztenliste unserer Nationalmannschaft gegeben? Je länger das Europameisterschafts-Turnier in England 1996 dauerte, umso größer wurde unser Lazarett: Jürgen Kohler, Mario Basler, Fredi Bobic, Jürgen Klinsmann, René Schneider, Thomas Helmer und Thomas Häßler, sie allen waren verletzt oder angeschlagen. Der Betreuerstab tat sein Bestes, um die Jungs wieder fit zu bekommen. Und die Journalisten staunten nicht schlecht, als auf einer Pressekonferenz Feldspielertrikots von Oliver Kahn und Oliver Reck gezeigt wurden, den beiden Ersatztorhütern. Das war alles andere als ein Gag, sondern ganz einfach eine Vorsichtsmaßnahme.

Das Halbfinale in Wembley gegen England verlief dramatisch, 1:1 stand es nach 120 Minuten, Paul Gascoigne hätte alles entscheiden können, er verpasste aus einem halben Meter das Golden Goal. Wieder einmal musste das Elfmeterschießen entscheiden. Die englischen Fans begannen ihre Hymne zu singen, eine unglaubliche Atmosphäre im Stadion, der Druck konnte nicht größer sein. Andy Köpke hielt am Ende den deutschen Sieg fest, er parierte einen Elfer von Gareth Southgate, Andy Möller verwandelte danach den Strafstoß für Deutschland. Wir standen im Finale.

Irgendwann im Verlauf dieses Turniers hatte ich ein ganz merkwürdiges Erlebnis. Ich hatte eine Pause bei meiner Arbeit gemacht und den Behandlungsraum verlassen. Als ich zurückkam, lag eine prall gefüllte Brieftasche auf der Massageliege. Ich machte sie auf, und heraus quollen viele Tausender- und Hunderter-Geldscheine.

Ich musste nicht lange nachdenken, wem der ganze Schotter wohl gehörte. Unser Tennisidol Boris Becker hatte das Geld auf der Liege vergessen. Boris war während des Turniers mit einer Handgelenkverletzung in unser Quartier gestoßen. Weil es sich so ergab, habe ich ihn dann massiert. Als er aufbrach, hat er das Geld liegenlassen. So jung und schon so vergesslich! Die Brieftasche mitsamt Inhalt habe ich ihm natürlich hinterher sofort zurückgebracht.

Es kam der Tag des Endspiels gegen Tschechien, der Optimismus war riesig. Die Spieler des FC Bayern hatten einige Wochen zuvor den UEFA-Cup gewonnen, gleich mehrere von ihnen standen in der Startformation. Wir waren es gewohnt, unter Druck gewinnen zu müssen. Die Einwechslung von Oliver Bierhoff für Mehmet Scholl brachte die Entscheidung. Bierhoff köpfte den 1:1-Ausgleich, nachdem die Tschechen zuvor durch einen unberechtigten Elfer in Führung gegangen waren.

Und dann kam die Szene, die für immer im Geschichtsbuch des DFB einen Platz haben wird: Eine Flanke von Jürgen Klinsmann erreicht Oliver Bierhoff, der entscheidet mit einem Golden Goal in der Verlängerung das Finale. Deutschland holt den Titel.

Wir konnten unser Glück kaum fassen. In voller Montur saßen die Jungs dann in alten Badewannen in den Katakomben des Wembley-Stadions, der eine oder andere gönnte sich eine Zigarre, wir ließen es richtig krachen. Da wollte sich auch der Bundeskanzler nicht lumpen lassen. Helmut Kohl kam in unsere Kabine und schien den Augenblick richtig zu genießen.

Wir sind mit dem Bus zurückgefahren in unser Hotel am Regent's Park. Dort ging weiter die Post ab. Aber irgendwann in der Nacht gab es dann nichts mehr zu trinken. Vielleicht, weil die Engländer einfach sauer waren. Wieder einmal hatte es mit dem Titel für ihr Team nicht funktioniert.

Berti Vogts wird das nicht gestört haben. „Der Star ist die Mannschaft": diese Parole hatte Berti ausgegeben, als deutlich wurde, dass die Verletztenmisere bei diesem Turnier anhalten würde. Was für eine Genugtuung: Zwei Jahre zuvor war Vogts nach der schwachen WM noch von der Presse zum Rücktritt aufgefordert worden. Davon war nach dem grandiosen Durchmarsch in England keine Rede mehr. So ändern sich die Zeiten.

Kein Spiel ohne Muskelzerrung

Sie waren in meiner langen Laufbahn als Physiotherapeut ein ständiger, wenn auch immer unerwünschter Begleiter: Muskelverletzungen. Oft sind sie das Resultat einer schlechten und ungenügenden Vorbereitung auf den Wettkampf. Die Weichen dafür werden in vielen Ligen nicht selten schon vor dem Beginn der Saison gestellt.

Die Belastung kann in der Vorbereitungsphase zu stark sein. Es kommt dann sehr schnell zu Verletzungen. Häufig steigen Spieler nach einer längeren Verletzungspause – auch in der laufenden Saison – viel zu schnell wieder in den Spielbetrieb ein. Und nicht selten kommt es nach meinen Erfahrungen auch vor, dass alte Verletzungen entweder überhaupt nicht oder nicht lange genug behandelt worden sind. Das kann fatale Folgen haben.

Das zu schnelle erneute Einsteigen ist gerade im Amateurbereich immer wieder zu beobachten, wo erfahrungsgemäß die kritische Kontrolle durch Trainer und Betreuer insbesondere mit Blick auf wichtige Leistungsträger der Mannschaft weniger stark ausgeprägt ist als etwa im Profibereich. Aber auch in der Bundesliga kommt es immer mal wieder vor, dass Spieler Verletzungen kaschieren, etwa aus Angst, einen Stammplatz zu verlieren.

Aus meinen jahrzehntelangen Erfahrungen bei Spielen der Fußballnationalmannschaft weiß ich, dass die Möglichkeiten, von der Betreuerbank aus Verletzungsabläufe exakt zu visualisieren, sehr begrenzt sind. Wir sehen von dort aus zum Beispiel, dass bei einem gefoulten Spieler ein Kraftmoment auf das Gewebe aufgetroffen ist. Doch trotz einer noch so genauen Beobachtung können wir nicht einschätzen, wie stark und mit welcher Geschwindigkeit die Kraft zum Zeitpunkt der Verletzung die traumatisierte Stelle lokal geschädigt hat. Kraftmomente treten auch in der Geschwindigkeit unterschiedlich stark auf. Daher sollten wir nicht den Fehler begehen, den Schweregrad der Verletzung zu unterschätzen oder gar bestimmen zu wollen.

Gibt es - was sicher häufiger im Amateurbereich zu beobachten ist - keine Rückmeldung vom Spieler, verdrängt oder unterschätzt er das Ausmaß der Verletzung, dann wird diese nicht erkannt und bleibt unbehandelt. Sie ist oft in der Tiefe des Organes, im Gewebe und im Muskelbau zu lokalisieren und kann dann, weil nicht ausgeheilt, immer wieder zu neuen Störfällen führen. Ein Thema, das mich in den vielen Jahren, in denen ich im Profifußball unterwegs war, immer wieder beschäftigt hat.

Im Profibereich erleben wir Phasen, in denen einzelne Mannschaften darüber klagen, dass viele Spieler gleichzeitig verletzt sind. Das hat aus meiner Sicht nichts damit zu tun, dass die medizinische Versorgung in den Klubs nicht stimmen würde. Aus meiner Erfahrung weiß ich, dass das Problem häufig an einer anderen Stelle zu suchen ist. Die Spieler selbst setzen sich unter ungeheuren Druck und haben aus meiner Erfahrung Verletzungen verheimlicht, um beim nächsten Spiel auf dem Platz zu stehen. Verletzungen sind so teilweise über Jahre hinweg verschleppt worden. Bei mir lagen schon etliche Spieler auf der Liege und haben sich ausgeheult, nachdem sie mit getapten Verletzungen gespielt hatten und die Wunden im Spiel wieder aufgeplatzt waren. Hat man beispielsweise irgendwo eine offene Wunde, bildet sich darüber zuerst eine schützende Schorfschicht – diesen Prozess nennt man Heilung. Erst wenn der Schorf abfällt, beginnt die Ausheilung. Leider stehen die meisten Spieler dann schon längst wieder auf dem Platz. Die Zeit, die der Körper zur Genesung braucht, nimmt er sich letztlich selbst. Er benötigt Pausen. Viel mehr Spieler müssten das eigentlich verinnerlichen, denn ihr Körper ist auch ihr Kapital. Auch die Trainer sollten da mehr Rücksicht nehmen, aber der Leistungsdruck lastet ja auch auf ihnen.

Ich will nicht verkennen, dass eine immer modernere Leistungsdiagnostik zunehmend dazu führt, dass Transparenz mit Blick auf Verletzungen entsteht. Der Druck wird deshalb aber keinesfalls geringer.

Ich war bei vielen Welt- und Europameisterschaften für den DFB im Einsatz und habe oft erlebt, wie Spieler bei uns Schlange standen, lange bevor wir überhaupt unsere Sachen aufgebaut hatten. Sogar die Trainer kamen manchmal ramponiert zu mir auf die Liege. Wir hatten immer ordentlich zu tun. Daran wird sich sicherlich in Zukunft nichts ändern.

WM in Frankreich 1998 – ohne mich

Die Fußballweltmeisterschaft 1998 in Frankreich war für mich schon vorbei, bevor sie überhaupt begonnen hatte. Ich hatte mich im Vorfeld einer schweren Magenoperation unterziehen müssen. Aber eigentlich war ich überzeugt, dass ich fit genug sei, unser Team nach Frankreich zu begleiten.

Als die Mannschaft in Frankfurt eingekleidet wurde, war ich mit dabei. Es ging mir nicht gut an diesem Tag. Ich hatte starke Schweißausbrüche und fühlte mich sehr schwach. Trainer Berti Vogts hatte das schnell wahrgenommen. Er wirkte besorgt und sagte: „Adi, bleib lieber zuhause. Es ist besser für dich. Wir wollen auch in Zukunft noch etwas von dir und deiner Arbeit haben." Ich hatte Tränen in den Augen, aber Berti hatte sicher recht. Er machte mir dann noch ein tolles Angebot: „Du kannst natürlich zu jedem Spiel der deutschen Mannschaft nach Frankreich kommen", sagte er. Diese Chance habe ich dann tatsächlich genutzt – wenn auch nur ein einziges Mal. Zusammen mit meiner Frau Sylvia fuhren wir zum Viertelfinalspiel der deutschen Mannschaft gegen Kroatien. Dieses Begegnung ist sicher nicht nur mir selbst in schlechter Erinnerung geblieben. Deutschland verlor mit 0:3 und flog aus dem Turnier.

Ohnehin war es ein Wettbewerb, der auch aus einem ganz anderen Grund in schlechter Erinnerung bleiben wird. Dafür sorgten deutsche Hooligans. Nach dem 2:2 gegen Jugoslawien in der Vorrunde in Lens verletzten sie

den Gendarmen Daniel Nivel so schwer, dass er unheil-
bare körperliche Schäden erlitt. Der damalige DFB-Präsident Egidius Braun war so geschockt, dass er erwogen
haben soll, das deutsche Team vom Turnier zurückzuzie-
hen. Immerhin sind die Täter hinterher geschnappt und
auch bestraft worden.

Für mich selbst entwickelten sich die Dinge nach dem
WM-Ende gut. Mein Gesundheitszustand besserte sich.
Ich war bald wieder fit und konnte meine Arbeit für die
Nationalmannschaft fortsetzen.

Gefährliches Gedränge

Die Vorbereitungen für die Europameisterschaft 2000
in Belgien und Holland liefen auf Hochtouren. Der damalige DFB-Präsident Egidius Braun hatte ein Freundschaftsspiel der Nationalmannschaft in der Nähe seines Heimat-
ortes Aachen gegen ein Amateurteam ausgemacht.
Schon bei der Anreise sahen wir vom Bus aus, wie an die
7000 Zuschauer ganz eng in Zweier- und Dreierreihen
dicht gedrängt am Spielfeld standen. Begeisterung pur,
es war sehr schwer für uns, überhaupt durch dieses Gedränge hindurch zu kommen. Hilfsbereite Polizisten, aber
auch einige disziplinierte Zuschauer bahnten uns den
Weg.

Das Spiel lief dann problemlos - bis kurz vor dem Ende.
Da bat der Stadionsprecher, nach dem Schlusspfiff Rücksicht zu nehmen – vor allem auf Kinder, die Autogramme

haben wollten. Doch dann stürmten Erwachsene wie von Sinnen auf den Platz, es gab ein großes Gewühl, extrem gefährlich, nicht nur für Kinder. Ich stand etwas abseits, weg vom Gedrängel und Geschubse. Plötzlich kam ein Zuschauer angerannt: „Herr Katzenmeier kommen Sie schnell, Oliver Bierhoff ist etwas passiert."

Ich schnappte mir meinen Koffer und quälte mich mit dem Informanten und drei Polizisten zu Olli durch. Was war passiert? Olli hatte weglaufen wollen, als die Zuschauer auf das Spielfeld stürmten. Dabei zog er sich einen Muskelfaserriss zu.

Ich versorgte ihn mit Kälte und Kompression, machte dann einen Tapeverband. Er hatte Schmerzen, konnte sich aber mit Hilfe der Polizei durch die Zuschauermenge bewegen.

Die Spieler waren nach diesem gefährlichen Gedränge verunsichert. Einige saßen bereits mit ängstlichen Blick im Bus, andere kamen nach. Das Tohuwabohu hatte Spuren hinterlassen. Der letzte noch fehlende Spieler traf ein. Es war Lothar Matthäus, der zu diesem Zeitpunkt auch an einem Muskelriss laborierte, den er sich einige Zeit vorher zugezogen hatte.

Er wurde damals in München behandelt - von seinem damaligen (wie sich später zeigen sollte vermeintlichen) zukünftigen Schwiegervater Müller-Wohlfahrt. Für Olli Bierhoff allerdings war die Europameisterschaft leider vorbei.

Ein Team, das nicht intakt war

F ür die Europameisterschaft 2000, die Belgien und die Niederlande gemeinsam ausrichteten, hatte sich unsere Nationalmannschaft in Freiburg vorbereitet. Vor dem Beginn der EM-Qualifikation hatte Erich Ribbeck das Zepter von Berti Vogts übernommen, wir gingen als amtierender Europameister ins Turnier, die Erwartungen in der Öffentlichkeit waren wie immer groß. Die Testspiele im Vorfeld gegen Mannschaften wie Norwegen, Kroatien und die Schweiz verliefen allerdings nicht unbedingt verheißungsvoll, eine Stammformation für das Turnier zeichnete sich nicht ab.

Für mich begann die Anreise spektakulär. Teamarzt Professor Wilfried Kindermann nahm mich von Freiburg aus mit nach Vals in Holland, wo die Mannschaft ihr Quartier beziehen sollte. Auf der Fahrt über Straßburg und Belgien hatte der Professor, der schnelle Autos liebte, eine ganz besondere Überraschung für mich parat. Wir machten einen Abstecher zur Formel 1-Rennstrecke von Spa-Francorchamps in Belgien. Wenn ich mich recht erinnere, fuhr Kindermann damals einen Maserati.

So brettern wir also mit einer unglaublichen Geschwindigkeit über die Rennstrecke, ich werde heftig in den Sitz gepresst – eine rasante Fahrt, Luft anhalten, Kindermann tritt aufs Gas, dass es nur so kracht. Wenn unsere Jungs beim Turnier auch nur halbwegs so rasant spielen, haben wir sicher alle Chancen, wieder ganz vorne mitzumischen, dachte ich hinterher, als alles überstanden war. Aber dann entwickelten sich die Dinge leider ganz anders.

Von Anfang an war im Spiel unserer Elf der Wurm drin. Ich denke im Nachhinein, es war eines der schwächsten Turniere einer deutschen Mannschaft, die ich als Masseur begleitet habe. Lothar Matthäus hatte beim Trainingslager im Vorfeld der EM auf Mallorca einen Muskelfaserriss erlitten und spielte unter seinen Möglichkeiten. Und schon das Auftaktspiel gegen Rumänien war eine große Enttäuschung. Gegen den wohl schwächsten und international allenfalls zweitklassigen Vorrundengegner reichte es nur zu einem 1:1. Das Tor machte Mehmet Scholl, es sollte überhaupt der einzige deutsche Treffer im ganzen Turnier bleiben.

Im folgenden Match gegen England hätte die Chance bestanden, sich zu rehabilitieren, aber es wurde nicht besser, wir unterlagen 0:1. Es gab offenbar eine Gruppenbildung in der Mannschaft, das war zu spüren. Bayern gegen Spieler aus den NRW-Traditionsvereinen? Wer gegen wen? Ich bekam von den internen Querelen nichts mit. Das mag man mir vielleicht nicht glauben, aber es war so.

Ich bin oft gefragt worden: was passiert eigentlich im Massageraum? Natürlich ist es im Verlauf meiner Arbeit als Physiotherapeut immer mal wieder vorgekommen, dass Spieler einem ihr Herz ausgeschüttet haben. Aber beim Thema „mannschaftsinterne Konflikte" ist das anders. Es würde ja bedeuten, dass einzelne Fußballer über andere Teamkameraden aus dem aktuellen Kader herziehen. Das habe ich in all den vielen Jahren - von extremen Ausnahmen abgesehen – eigentlich nie erlebt. Was bedeutet: Welche Gruppenbildungen es bei der EM 2000 gab, wer gegen wen und wie und warum – das erschloss sich mir nicht.

Ich erinnere mich allerdings an einen Tag im Massageraum, als Kindermann hereinkam und fragte: Ist es bei euch auch so ruhig? In der Tat: die Jungs hatten offenbar andere Dinge zu tun als sich massieren oder medizinisch behandeln zu lassen.

Das Team war nicht intakt – darüber kann es im Nachhinein keinen Zweifel geben. Offenbar wurden auch der Trainer und seine Arbeit zumindest von Teilen der Mannschaft in Frage gestellt.

Eine echte Demütigung

Es wäre noch vieles möglich gewesen, wenn wir im dritten Vorrundenspiel die Portugiesen besiegt hätten. Doch diese Partie geriet zu einer echten Demütigung. Die Männer von der iberischen Halbinsel waren nur mit einer Ersatzspieler-Mannschaft angetreten und lagen schon zur Halbzeit mit 3:0 vorne. Alle drei Treffer machte Sergio Conceicao, ein Spieler, der bei seinem Verein Lazio Rom in der Regel auf der Ersatzbank saß. Kurz vor Schluss konnte es sich der Portugiesen-Coach sogar leisten, seinen dritten Torhüter einzuwechseln, eine Erniedrigung auf der ganzen Linie.

Die bitteren Tränen, die Co-Trainer Horst Hrubesch nach dem Schlusspfiff vergoss, werde ich nie vergessen. „Ich habe schon viel erlebt in meiner Karriere, aber das war das Bitterste. Ich schäme mich", sagte Torhüter Oliver Kahn.

Erich Ribbeck trat danach von seinem Amt zurück, die Medien machten ihn zum Hauptschuldigen für das Desaster. Ich teile diese Auffassung nicht. Ribbeck hatte einen ordentlichen Job gemacht. Was sollte er auch tun, wenn die Talente fehlen? Im Vorfeld hatte er Lothar Matthäus reaktiviert, der damals schon 38 Jahre alt war. Natürlich konnte Lothar trotz seiner großen Erfahrung nicht mehr die Spritzigkeit der jungen Jahre haben. Noch dazu, wo er von den Nachwehen einer Verletzung geplagt war. Junge Spieler – wie Sebastian Deissler oder Michael Ballack – standen damals noch ganz am Anfang ihrer Karriere. Und im Übrigen nützt der beste Trainer nichts, wenn sich die Spieler nicht darauf verständigen können, dass Fußball nun mal ein Mannschaftssport ist.

Hatten wir den Zug in Richtung moderner Angriffsfußball verpasst? Die Mannschaft konnte oder wollte sich nicht als Team präsentieren. In Deutschland erntete unsere Elf Hohn und Spott, „Rumpel-Fußball" sei das gewesen, hieß es. In ausländischen Zeitungen war sogar etwas von Häme zu spüren. Das sollte glücklicherweise bei den folgenden Turnieren wieder ganz anders werden. Und genau das ist ja gerade das Schöne an unserem Sport: Die Niederlagen von gestern sind schnell vergessen, wenn in der Gegenwart die Zeichen auf Sieg stehen.

UEFA-Auszeichnung in Monte Carlo

Im August 2000 habe ich trotz der EM-Pleite den „erhabensten Moment meines Berufslebens" erleben dürfen. Auf einer Gala in Monte Carlo bin ich mit dem „Magnificent Seven Award" der UEFA ausgezeichnet worden. Mit diesem Preis der „Glorreichen Sieben", so wurde mir mitgeteilt, ehre die Europäische Fußball-Union alljährlich sieben Menschen, die sich abseits des Rampenlichts hinter den Kulissen um den Fußball verdient gemacht hätten. „Für Sie, Herr Katzenmeier, freut mich diese Auszeichnung ganz besonders", sagte Lennart Johansson, der damalige UEFA-Präsident, als er mir den Preis in die Hand drückte. Ich hatte ihn schon vorher bei Spielen unserer Mannschaft in Schweden kennengelernt. Meine Güte nochmal, womit hatte ich das verdient!

WM 2002 – (k)eine Enttäuschung

Die Qualifikation zur WM 2002 in Südkorea und Japan war für uns alles andere als ein lockerer Durchmarsch gewesen. Rudi Völler und Michael Skibbe hatten unsere Mannschaft nach der enttäuschenden Vorstellung bei der EM 2000 übernommen. Wir hatten die Engländer zwar im letzten Spiel vor dem Abbruch und Neubau des Wembley-Stadions mit 1:0 besiegt, aber die Revanche der Männer von der Insel am 1. September 2001 in München war gnadenlos. Deutschland ging mit 1:5 unter - mit die höchste Qualifikationsniederlage aller Zeiten.

Wir mussten in die Relegation gegen die Ukraine antreten, machten im Hinspiel ein 1:1 und siegten im Dortmunder Westfalenstadion mit 4:1. Nach 15 Minuten stand es bereits 3:0. Alles im Lot, Hindernis ausgeräumt, Südkorea und Japan: Wir kommen!

Und der Auftakt war dann auch nicht zu toppen Mit einem 8:0-Kantersieg gegen Saudi-Arabien starteten wir perfekt ins Turnier. Miroslav Klose steuerte allein drei Kopfballtore bei. Nach einem eher bescheidenen 1:1 gegen Irland mit Superleistung von Olli Kahn sollte ein harter Gegner kommen: Kamerun, mit athletischen, schnellen Spielern, wuchtig, kompakt stehend. Carsten Ramelow kassierte kurz vor der Pause die rote Karte. Aber unsere Jungs hielten dagegen und erreichten das Achtelfinale, weil Oliver Neuville und Klose noch trafen. Um ehrlich zu sein: Spielerisch war das alles nicht immer besonders glanzvoll, aber unsere Jungs wussten bei diesem

Turnier mit anderen Werten zu überzeugen: mit Tugenden wie Kampf, Einsatz und mannschaftlicher Geschlossenheit.

Es kam das Achtelfinale gegen Paraguay, das wir knapp mit 1:0 gewinnen konnten. Im Viertelfinale besiegten wir die USA und im Halbfinale schließlich die Südkoreaner.

Ich erinnere mich, dass wir während des Turniers immer wieder Verletzungsprobleme hatten. Christoph Metzelder und Sebastian Kehl von Borussia Dortmund waren mir schon bei der verpatzten EM in Holland und Belgien in 2000 aufgefallen. Zwei Jahre später in Japan und Südkorea waren beide immer noch verletzt – oder schon wieder? - verletzt. Metzelder hatte massive Probleme mit der Achillessehne, Kehl litt an einer Sprunggelenksdistorsion. Von Spiel zu Spiel hat unser Betreuerteam die Jungs fit gemacht. Insbesondere Metzelder spielte eine gute WM und hielt die Abwehr sicher zusammen.

Wir waren im Finale und hatten ein großes Problem: Michael Ballack hatte im Halbfinale seine zweite gelbe Karte im Turnier kassiert. Er war damit für das Endspiel gesperrt.

Es kam also dann zu einem echten Traumfinale zwischen Deutschland und Brasilien. Im DFB-Quartier in Yokohama war einen Tag vor dem Endspiel viel Hektik. Unzählige Kamerateams, Radioreporter und Printjournalisten waren im Einsatz. Wieder mal ein WM-Höhepunkt, und wieder würde ich dabei sein.

Wir hatten kein schlechtes Turnier gespielt. Mit 14:1 Toren war unsere Mannschaft in dieses Finale gekommen, wir hatten drei gute und drei schlechtere Spiele gemacht. Und das Team sah sich partout nicht als Außenseiter, der keine Chancen haben würde.

Nach 45 Minuten stand es 0:0. und wir hatten bis zu diesem Zeitpunkt eigentlich noch keine echte Chance herausgespielt. Kurz nach der Pause setzte Oliver Neuville einen Freistoß an den Pfosten. Wäre der Ball im Tor gelandet, wer weiß….

Doch dann passierte es. Ausgerechnet Oliver Kahn, der schon vor dem Finale zum besten WM-Torwart gewählt worden war, konnte einen Schuss von Ronaldo in der 67. Minute nicht festhalten, ein Fehler mit fatalen Folgen. Ronaldo holte sich den Abpraller und schoss das 1:0. Jetzt hatten die Brasilianer das Spiel im Griff. Kurz darauf traf erneut Ronaldo, diesmal konnte Oliver aber an dem Schuss nichts machen, er war unhaltbar.

Man muss wirklich im Nachhinein sagen, dass Brasilien ein würdiger Weltmeister war. Unser Torwart war fix und fertig und musste erst einmal aufgebaut werden. Hinterher stellte sich dann heraus, dass Kahn ab der 52. Minute nach einem Foul von Ronaldo mit einem Bänderriss im Finger gespielt hatte. Aber das wollte Olli nicht als Argument für den Fehler akzeptieren – und es war echter Sportsgeist. Ich habe ihm das hoch angerechnet. Und im Nachhinein muss man einfach sagen, dass wir uns mit dem Titel als Vizeweltmeister wirklich nicht beschweren konnten. Es war ein gutes Turnier für den deutschen Fußball gewesen.

Poldi und das Sommermärchen

Beim Confederations Cup in Deutschland 2005, also ein Jahr vor der Fußballweltmeisterschaft, die hinterher als „Sommermärchen" in die Geschichte eingegangen ist, habe ich eine ganz besondere Beziehung zu Lukas Podolski aufgebaut. Und das kam so: Ich habe im Mannschaftsbus immer in der ersten Reihe seitlich neben dem Trainer gesessen. Neben mir am Fenster saß traditionell Teamarzt Professor Hess, später Herr Müller-Wohlfart. Irgendwann bei einer Fahrt während des Turniers fragte mich Jürgen Klinsmann, ob ich etwas dagegen hätte, wenn Teammanager Oliver Bierhoff sich auf meinen Platz setzen könne. Das fand ich natürlich in Ordnung. Es gibt einen speziellen Kommunikationsbedarf zwischen Trainer und Manager, und diese Gespräche funktionieren viel besser, wenn beide nahe beieinandersitzen.

Auch Müller-Wohlfart setzte sich kurze Zeit später nach hinten. Nur – wo sollte ich mich platzieren? Ich ließ meinen Blick in den hinteren Teil des Busses schweifen, und siehe da, ich sah einen freien Platz. Nämlich direkt neben Lukas Podolski. Ich marschierte hin und sagte: Hochwürden, ist es gestattet, an ihrer grünen Seite Platz zu nehmen? Poldi war schlagfertig. Er stand auf, grinste und erwiderte: Wenn Sie mich so fragen, Eminenz, selbstverständlich! Im Bus ertönte schallendes Gelächter.

Irgendwann kurze Zeit später- ich weiß nicht mehr genau bei welcher Gelegenheit – schoss Poldi bei einem

Spiel zwei Tore. Er kam dann hinterher rein in den Bus und sagte: Adi, ab sofort sitzen wir nebeneinander! Seitdem war Poldi bei Busfahrten mein direkter Nachbar. Ich erinnere mich, dass er nach seinen Spielen immer mit seinem Opa in Polen telefonierte. Der war offenbar sehr streng mit ihm. Du musst beim nächsten Spiel besser sein, sagte ihm der Opa. Irgendwann reichte er mir einen Lautsprecher von seinem Kopfhörer und ich konnte live mithören, was der Opa seinem Enkel so alles an kritischen Anmerkungen zum Spiel zu sagen hatte. Immer, wenn Poldi mit ihm gesprochen hatte, erlebte ich ihn vorübergehend still, introvertiert und sehr nachdenklich. Doch das änderte sich nach kurzer Zeit wieder. Dann war er lustig und fröhlich wie immer. Er war ehrgeizig, immer bemüht sich weiter zu steigern. Ich drücke ihm die Daumen für seine Zukunft. Er ist ein lustiger und fröhlicher Kölner Jong. Nach meinem Abschied hat sich Poldi in einem Interview an diese Zeit erinnert: „Es war mein festes Ritual, mich immer am Abend vor den Spielen von Adi massieren zu lassen", sagte er. Manchmal hat Adi dann gesagt: „Ich massiere dir zwei Tore ins Bein", und wenn ich fertig war, hieß es nur knapp: „Jetzt hau' ab!"

Ich erinnere mich übrigens, dass ich auch bei dieser tollen WM die Chance genutzt habe, Klavier zu spielen. Ich liebe dieses Instrument seit meiner Kindheit. In der Wohnung meines Onkels stand ein Klavier, ich klimperte als Kind gerne darauf herum. Er beobachtete wohlwollend mein Interesse und gab mir Unterricht. Mein Onkel spielte klassische Stücke, brachte mir die Noten bei und ich lernte schnell dazu. Irgendwann war es aber so weit, dass ich mich noch weiter verbessern wollte. Mein Vater kannte einen Musiklehrer vom Konservatorium, der mein neuer Lehrer wurde. Ich war damals 15 oder 16 Jahre alt, spielte Schlager und Jazzstücke nach, die ich im Radio gehört hatte. Das Problem war: Ich hatte kein eigenes Klavier.

Irgendwann hatte mein Vater einen Patienten in Kelsterbach, der ein Tafelklavier besaß, wegen einer Lähmung aber nicht mehr spielen konnte. Und so landete das Instrument bei uns zuhause im Wohnzimmer. An manchen Tagen saß ich vier oder fünf Stunden da und bearbeitete die Tasten. Man benötigt Fingerfertigkeit und ein Gefühl für das Instrument - das sind Eigenschaften, ohne die ich auch als Masseur nicht auskomme. Da gibt es sicher viele Zusammenhänge.

Für mich ist dieses Instrument wie ein Muskel. Für beide muss man ein besonderes Gefühl beim Tasten haben. Wenn ich in meinem Leben ein Klavier gesehen habe, wenn irgendwo eines in der Nähe stand, sind meine flinken Hände immer ganz nervös geworden. Das Klavier ist bis heute ein ganz wichtiger Bestandteil meines Lebens geblieben. Apropos Hände: Sie sind natürlich immer mein Kapital gewesen. Ich habe sie zwar nie versichern lassen, doch wann immer ich mal hingefallen bin, habe ich darauf geachtet, mich auf den Rücken abzudrehen, um nicht die Hände in Gefahr zu bringen.

Deutschland im Sommer 2006

Eine Weltmeisterschaft im eigenen Land ist eine tolle und ganz besondere Herausforderung. Ich hatte die WM 1974 mit unserem Sieg im Endspiel gegen Holland noch in bester Erinnerung. Auch 2006 waren die Erwartungen vor dem Beginn des Turniers in Deutschland sehr hoch. Das schafft Druck, aber zugleich bietet es der Mannschaft mit dem permanenten Heimvorteil natürlich tolle Möglichkeiten.

Bevor es überhaupt richtig losging, beschäftigte die „Wade der Nation" wochenlang die Gazetten. Michael Ballack war leider wieder einmal verletzt: Im Vorfeld der Fußball-WM 2006 hatte er massive Probleme mit der Wade. Sein Einsatz schien lange Zeit gefährdet. Schon damals galt: Nationalmannschaft ohne Ballack? Nicht auszudenken! Ich habe ihn immer sehr geschätzt. Als Antreiber und Ideengeber war er im deutschen Spiel nur schwer zu ersetzen.

Michael war ein hervorragender Kicker, brandgefährlich bei Freistößen und darüber hinaus ein toller Kopfballspieler. Er war von seinen Kollegen zwar als brillanter Spieler anerkannt, blieb aber im Grunde immer ein eigenwilliger Einzelgänger, der auf dem Feld das Sagen hatte, den Teamgedanken selbst aber zwischen den Spielen nicht wirklich überzeugend lebte. 2007, schon in Diensten von Chelsea London, sollte sich Ballacks Pechsträhne fortsetzen. In einem Spiel gegen Newcastle brach er sich den Mittelfuß. Die Verletzung zog sich hin, es folgte eine Operation, und wieder war die Nation in Aufruhr. Doch erneut bekam der Kapitän rechtzeitig die Kurve, schaffte den Sprung ins Team.

Immerhin: Als die WM 2006 im eigenen Land begann, war Ballack, der aus Görlitz stammt, wieder fit. Zumindest ab dem zweiten Spiel konnte er eingesetzt werden.

Wir starteten ins Turnier mit einem 4:2 Sieg gegen Costa Rica und mussten uns dann der Herausforderung Polen stellen. Die Schlussphase dieses Spiels gegen unseren europäischen Nachbarn ist mir in bester Erinnerung geblieben. Odonkor flankt von rechts. Neuville vollstreckt. Wir siegen nach harter Arbeit eins zu null. Ecuador hat dann im dritten Gruppenspiel keine Chance, wir machen drei Tore. Es folgt das Achtelfinale gegen Schweden. Wir marschieren weiter und gewinnen mit 2:0, beide Male trifft Lukas Podolski.

Das Drama nimmt seinen Lauf. Im Viertelfinalspiel gegen Argentinien haben wir Glück. Die Entscheidung fällt beim Elfmeterschießen, mit 4:2 Toren schaffen wir den Sprung ins Halbfinale. Es ist das Spiel, bei dem am Ende ein Zettel eine Rolle spielt. Torhüter Jens Lehmann bekommt ihn von Torwarttrainer Andy Köpke in die Hand gedrückt mit konkreten Informationen: Welcher Argentinier schießt seine Elfer in aller Regel wie und in welche Ecke? Nicht bei allen Schützen waren diese Informationen entscheidend. Bei mindestens einem aber doch: „Ayala lange warten, langer Anl. rechts", stand auf dem Zettel. Roberto Ayala nahm wirklich einen langen Anlauf, und

Lehmann blieb der Anweisung folgend lange stehen. Der Argentinier schießt nach rechts, und Lehmann hält. Wir haben das Finale erreicht, Deutschland liegt uns zu Füßen.

Dann folgt leider ein Spiel, an das ich selbst und garantiert viele andere Menschen sich nicht mehr sehr gerne erinnern. Im Halbfinale wartet der Angstgegner Italien, ein Team, das traditionell hart spielt. Meine Güte nochmal, was haben wir uns mit dieser Mannschaft schon Kämpfe geliefert. Es geht beim Stand von 0:0 in die Verlängerung. Alles deutete auf ein Elfmeterschießen hin. Doch dann kommt es kurz vor Schluss zum Doppelschlag. Italien siegt am Ende mit zwei zu null, Fabio Grosso und Alessandro del Piero zerstören unseren Traum.

Philipp Lahm brachte es hinterher auf den Punkt: „Wir waren gleichwertig, wenn nicht sogar besser und haben uns einige gute Möglichkeiten erspielt. Vielleicht hätten wir unsere Konter besser ausnutzen müssen" So kurz vor Schluss auszuscheiden, das ist bitter. Wir sind alle sehr enttäuscht." Italien wurde dann nach einem Sieg gegen Frankreich Weltmeister. Wie ich meine, nicht zu Unrecht - und mit der besten Leistung des Turniers.

Unsere Jungs saßen am Ende mit Tränen in den Augen in der Kabine, einige weinten, Der Frust war groß. Das Sommermärchen schien vorbei. Auch Jürgen Klinsmann war fertig. Er sagte nichts. Was sollte er auch sagen?" Die Nation trauerte. Das Sommermärchen war vorbei. Nur eines blieb: Wir waren zumindest Weltmeister der Herzen geworden.

Unser bestes Turnierspiel

Abhaken, weitermachen. Die deutsche Mannschaft hatte in diesem Turnier noch einmal die Chance sich zu beweisen, und das gelang einige Tage später in Stuttgart beim Spiel um den dritten Platz gegen Portugal. Ich denke, es war das beste Spiel, das wir überhaupt in dem ganzen Turnier gemacht haben. Bastian Schweinsteiger traf zweimal, die Portugiesen steuerten ein Eigentor bei und wir kassierten ein Gegentor.

Jens Lehmann erwischte unmittelbar nach dem Abpfiff den Spielball. Er lief an mir vorbei, reichte ihn mir und sagte „Lass ihn nicht los, ich hole hinterher bei dir ab." Und so kam's dann auch.

Es gab nach diesem Spiel eine Diskussion in der Mannschaft, ob wir uns gemeinsam mit einer großen Party in Berlin für die tolle Unterstützung von Millionen Menschen in Deutschland bedanken sollten. Michael Ballack hatte keine Lust mehr, er plädierte dafür, die Weltmeisterschaft abzuschließen und schon von Stuttgart aus nach Hause zu fahren. Er war frustriert. Wieder kein WM-Endspiel. Beim Finale 2002 gegen Brasilien war Ballack wegen zwei gelber Karte, die er in den Spielen zuvor bekommen hatte, nicht mit dabei gewesen.

Wir fahren nach Berlin

„Macht das unter euch aus mit der Fahrt nach Berlin, ich werde die Entscheidung nicht beeinflussen", sagte Jürgen Klinsmann und verließ den Raum. Dann hielt Oliver Kahn eine flammende Rede und forderte die Mannschaft auf, nach Berlin zu fahren. „Wir sind so toll von Millionen Menschen unterstützt worden, jetzt wollen wir die nicht im Regen stehen lassen." Ollis Botschaft kam gut an. Unsere Jungs entschieden mehrheitlich: Wir gehen in die Hauptstadt, und das war richtig so.

Doch zunächst ging erst einmal in Stuttgart die Post ab. Nach dem Spiel gegen Portugal war der Teufel los. Im Bereich des Hauptbahnhofs standen 30.000 Menschen, die uns bis tief in die Nacht begeistert unterstützten, so, als hätten wir den Titel geholt. Insbesondere Jürgen Klinsmann war beeindruckt von den Landsleuten in seiner Heimat. „Schaut mal da, die Schwaben, die Schwaben, die Schwaben", sagte er fast ein wenig melancholisch, und wäre wohl am liebsten gar nicht mehr weggegangen vom Hotelfenster.

Es folgte der nächste Tag mit dem Flug nach Berlin, der Fanmeile und der Bombenstimmung. Es war der würdige Abschluss eines tollen Turniers. Einmal mehr mussten wir lernen: Du kannst nicht immer ganz oben auf dem Treppchen stehen.

Noch zu Zeiten von Berti Vogts hatte ich bei einer Süd-amerika-Reise der Nationalmannschaft ein Hufeisen ge-schenkt bekommen. Vor dem ersten Spiel bei der WM 2006 in Deutschland, habe ich dieses Hufeisen dann un-serem Teammanager Jürgen Klinsmann als Glücksbringer geschenkt. Jürgen war richtig gerührt. Als die WM vorbei war, erfuhr ich etwas über die Zukunft des Glücksbrin-gers. „Ich nehme das Hufeisen mit in die USA, lasse es versilbern, stelle es an einen Ort, wo es immer zu sehen ist", sagte Jürgen. Er übergab das Zepter an Jogi Löw, der seine Arbeit, wie wir heute wissen, erfolgreich weiter-führte.

EM 2008 – mein letztes großes Turnier

Der spanische Fußball war über Jahrzehnte vom Scheitern geprägt. Seit dem Einzug ins EM-Finale von 1984 hatte Spanien nie wieder auch nur das Halbfinale einer Europameisterschaft erreicht. 2008 aber war das anders. Mit der EM wurde eine Dominanz dieses Teams eingeläutet, die es nie vorher gegeben hatte. Die Spanier boten Tempofußball vom Feinsten, waren körperlich topfit und sollten im Endspiel nach 1964 mal wieder einen Titel holen.

Für die deutsche Mannschaft waren nach dem „Sommermärchen" 2006 die Erwartungen riesig. In den Gruppenspielen gab es einen Sieg gegen Polen und eine Niederlage gegen Kroatien.

Dank eines Freistoßtores von Michael Ballack setzte sich die DFB-Elf dann mit 1:0 gegen Österreich durch und erreichte das Viertelfinale. Mir ist dieses Spiel deshalb in Erinnerung geblieben, weil der Schiedsrichter Manuel Mejuto González aus welchen Gründen auch immer verärgert über die beiden Trainer war. Noch vor der Pause schickte er Jogi Löw und seinen Kollegen Josef Hickersberger auf die Tribüne. Beide wurden sanktioniert – ein Spiel Sperre durch die UEFA. Sie haben es überlebt.

Bei unserem 3:2-Sieg gegen Portugal gab es im Viertelfinale endlich auch herrlichen Fußball zu sehen. Richtig dramatisch wurde es im Halbfinale gegen die Türkei, in dem wir uns durch einen Treffer von Philipp Lahm in Basel in letzter Minute mit 3:2 durchsetzen konnten.

Im Endspiel sorgte dann Xavi mit einem gelungenen Pass dafür, dass Torres nach 33 Minuten zum 1:0-End-stand treffen konnte. Der Sieg gegen uns fiel knapp aus, aber das war am Ende nicht der Maßstab. Knapp ja, spannend allerdings nicht, und im Grunde genommen sehr einseitig. Die Spanier haben uns im EM-Finale 2008 schlicht und ergreifend unsere Grenzen aufgezeigt. Das ist die große Ernüchterung des Abends von Wien, aber immerhin: Wir sind Vizeeuropameister geworden. „Wir müssen in dem Spiel und in diesem Turnier die konstant hohe Qualität der Spanier anerkennen", sagte hinterher Bundestrainer Joachim Löw, und dem ist nichts mehr hinzuzufügen.

Mein Abschied von der Mannschaft

Ich war 2008 bereits 74 Jahre alt und die WM 2010 stand vor der Tür. Vom DFB bin ich dann gefragt worden, ob es deshalb nicht besser sei, aufzuhören. Niemand wusste ja, wie groß die Hitze und die ganzen Strapazen sein werden. Um ehrlich zu sein: Mir sind im ersten Moment die Tränen in die Augen geschossen, weil ich so sehr an der Mannschaft hing. Ich wäre gerne mit nach Südafrika gegangen, aber letztlich war es besser, nachzugeben und das Kapitel zu beenden - auch wenn der gesamte Stab und die Spieler – so schien es - das bedauerten. Man wollte ja auch das Betreuerteam verjüngen, das ist für mich nachvollziehbar gewesen.

Beim Länderspiel der deutschen Nationalmannschaft gegen England wurde ich dann offiziell verabschiedet. Ich war gerade 74 Jahre alt geworden, hatte insgesamt 45 Jahre für den DFB gearbeitet, davon 34 Jahre als Physiotherapeut der Nationalmannschaft.

Tief in der Nacht hielt im Hotel ein Spieler die Abschiedsrede, der eigentlich dafür gar nicht vorgesehen war. Kapitän Michael Ballack hatte von Chelsea London keine Freigabe für das Spiel erhalten, sein Stellvertreter Thorsten Frings war verletzt. So kam es, dass Miro Klose mich mit einer sehr gelungenen Rede verabschiedete, die mich bis heute tief bewegt.

Ich ging mit einem lachenden und einem weinenden Auge: Weinend, weil die Zeit in der Nationalmannschaft nun vorbei war, lachend, weil sich bis heute meine Praxis auf dem DFB-Gelände befindet, und so der Kontakt nicht abgerissen ist. Und natürlich auch deshalb, weil mir all die schönen Erinnerungen an meine jahrzehntelange Arbeit geblieben sind, die ich nicht missen möchte.

Ich musst mich an die neue Situation gewöhnen. Beim ersten Spiel habe ich schon dumm geguckt. Da war mir ein bisschen flau. Es hat gekribbelt, auch die Füße haben gezuckt, weil du meinst, du müsstest aufs Feld laufen. Aber es gab kein Feld mehr, auf das ich hätte laufen und dann helfen können.

Wie arbeiten Klinsi und Jogi?

All die vielen Trainer – sie sind mir bestens in Erinnerung geblieben. Jürgen Klinsmann zum Beispiel trieb die Professionalisierung des Umfelds voran. Ab 2004 rückten ein Fitness- und ein Mentalcoach ins Betreuerteam, nachdem Franz Beckenbauer die Zahl der Physiotherapeuten bereits auf vier erweitert hatte. Jürgen war auch ein begnadeter Motivator. „Warum machst du die Mannschaftssitzungen erst unmittelbar vor dem Spiel und nicht schon vorher im Hotel", habe ich ihn einmal gefragt. „Wenn wir eine Stunde Anfahrt zum Spiel mit dem Bus haben, dann haben die beim Anpfiff alles vergessen, was ich ihnen vorher gesagt habe", erklärte er mir dann.

Klar, die Spieler hatten im Hotel oder bei der Behandlung einfach andere Gedanken. Die hören auch im Bus Musik und blickten gespannt auf ihren Gameboy. In einem Nebenraum des Stadions, kurz vor dem Anpfiff, wurden die Jungs von Klinsi vorbereitet auf die nächsten neunzig Minuten. Dabei ging es sofort mit Wucht und Schmackes zur Sache, Jürgen brauchte dann keinen großen Anlauf mehr.

Bei Jogi Löw war das anders. Der fing ruhig an und steigerte sich, je länger sein Briefing dauerte. „Da draußen sitzen Siebzigtausend, die wollen was sehen. Geht raus und schlagt den Gegner weg, wir haben uns akribisch vorbereitet, alles passt, zeigt, was ihr könnt!" Ich bin nicht dabei gewesen in diesem tollen Sommer 2014, als

Deutschland in Brasilien zum vierten Mal Weltmeister geworden ist, aber eines ist sicher: Jogi hat mit seiner typischen Art, die Spieler anzusprechen, einen Volltreffer gelandet, für den ihn hinterher die ganze Welt bewundert hat.

Der hessische Verdienstorden

Zu meinem 80. Geburtstag im November 2014 hatte der DFB zu einem Empfang eingeladen. Ganz besonders gefreut habe ich mich, dass auch unser hessischer Ministerpräsident Volker Bouffier kam. Vor einigen Jahren habe ich ihm in unserer Praxis helfen können, als ihn starke Fußschmerzen nach einer schweren Verletzung plagten. Mit ihm verbindet mich ein besonderes Erlebnis: 2010 feierte Eintracht Frankfurt den 50. Jahrestag des berühmten Endspiels zwischen der Eintracht und Real Madrid in Glasgow 1960 mit einem Empfang. In der allgemeinen Aufregung beim Versenden der Einladungen hatten die Verantwortlichen der Eintracht offenbar etwas vergessen: Nämlich einen Masseur mit zur Feier einzuladen, der damals in Schottland am 18. Mai 1960 in Diensten der Eintracht an der Außenlinie stand. Er betreute die Spieler und hieß Adi Katzenmeier.

Das habe ich unserem Ministerpräsidenten erzählt. Der war offizieller Gast beim Jubiläum und nahm mich einfach mit ins Hotel Kempinski in Gravenbruch bei Frankfurt, wo der Empfang stattfand. So war ich auch ohne Einladung

mit dabei, als die Eintracht feierte. Wenn du im Schlepp-
tau des Ministerpräsidenten kommst, wirst du an der Ein-
gangstür nicht abgewiesen. So einfach geht das.

Eine peinliche Situation – aber garantiert nicht für
mich, sondern für Eintracht Frankfurt. Ich habe damals in
Glasgow alles gegeben für diese Truppe – doch welchen
Funktionär der Adlerträger interessiert das heute noch?
Mit Bernd Schuster, der am Jubiläumstag Trainer von Real
Madrid war, habe ich mich im Kempi in Gravenbruch gut
unterhalten. Ich hatte bei der Feier einen Heidenspaß.
Und ich will ehrlich sein: eine klammheimliche Freude war
auch dabei. Prost, Eintracht Frankfurt!

Klar, dass ich sehr bewegt war, als mir Volker Bouffier
beim Empfang zu meinem 80. Geburtstag den Hessischen
Verdienstorden am Bande überreichte. „Du bist ein Stück
von uns und kannst stolz sein auf das Vertrauen, das so
viele große Persönlichkeiten dir erwiesen haben - diese
Vertrautheit ist dein großer Schatz", sagte er. Ich sei ein
kleiner Mann von Statur, „aber ein großer Mann nicht nur
für den DFB, sondern für uns alle."

Bouffier bezeichnete mich als einen „waschechten
Frankfurter", der „ein hochsensibler Künstler mit ganz besonderen Gaben ist". In der Tat: Frankfurt ist immer das
Zentrum meines Lebens gewesen. In Frankfurt bin ich geboren und aufgewachsen. Hier habe ich mein berufliches
und privates Glück gefunden, meine Frau kennen gelernt,
ohne die meine Praxis niemals funktionieren würde. Hier
habe ich wunderschöne Stunden zunächst bei der Eintracht und dann beim DFB erlebt, habe als Kriegskind

schreckliche Angst durchgestanden und in der Zeit des Wiederaufbaus gelernt, dass es sich lohnt, an bessere Zeiten zu glauben,

Aus der Sieger-Mannschaft von 1974 hat mir bei der Feier der Eintracht Jürgen Grabowski gratuliert. Und auch Rekordspieler Karl-Heinz Körbel ließ sich blicken. „Er war der Retter meiner Karriere", berichtete Karl-Heinz, der sich 1986 das Schien- und Wadenbein gebrochen hatte. Die Heilung sei ein „Meisterstück" gewesen. „Adi ist einer der wenigen Künstler, die es in diesem Geschäft noch gibt", wurde Körbel in der Presse zitiert. Was für ein feiner Kerl – ich habe ihn immer sehr gemocht.

Das Alter hinterlässt seine Spuren. Im Herbst 2013 war ich bei einem Arbeitsunfall an meiner Massagebank schwer gestürzt und hatte immer wieder Probleme und Schmerzen. Erst im Sommer 2014 stellte sich dann heraus, dass ich mir dabei den ersten Lendenwirbel gebrochen hatte. Acht Wochen Krankenhaus wegen einiger Komplikationen waren die Folge mit unterschiedlichsten Behandlungen. 37 Kilo wog ich nur noch und musste dann in der Reha wieder aufgepäppelt werden. Am Ende hatte ich es geschafft und konnte die Arbeit in der Praxis wieder aufnehmen.

Das Spiel wird dynamischer

Ich bin oft gefragt worden, ob unsere Spieler von gestern heute noch in der Nationalmannschaft mithalten könnten. Ich sage: ja, was, denn sonst! Es gibt sicher keinen Zweifel darüber, dass das Spiel in den vergangenen Jahrzehnten immer schneller, dynamischer und athletischer geworden ist. Dazu haben auch Erkenntnisse der Sportwissenschaft beigetragen.

Früher konnten die Spieler mit dem Ball weitere Wege gehen. Heute sind die Ballkontakte oft nur sehr kurz – das macht das Spiel ungemein schnell. Ich würde nicht sagen, dass die Technik der Kicker besser geworden ist. Aber sie ist verfeinert worden.

Leider ist das Spiel auch härter geworden. Mir fällt da zum Beispiel dieses brutale Foul am Brasilianer Neymar bei der WM 2014 im Viertelfinal-Spiel gegen Kolumbien ein. Nach einer rüden Attacke wurde er mit einem Lendenwirbelbruch vom Platz getragen. Das war unerträglich und hätte mit einem Platzverweis sanktioniert werden müssen. Solche widerlichen Fouls machen das Spiel kaputt. Neymar fehlte dann bei der 1:7-Klatsche, die sein Team im unvergessenen Spiel gegen Deutschland hinnehmen musste.

Aber es geht heutzutage ja nicht nur um überzogene Härte. Auch an Schnelligkeit hat der Spitzenfußball zugenommen. Es ist schon bemerkenswert, dass die Zahl der offensichtlichen Fehlentscheidungen von Schiedsrichtern etwa in der Bundesligasaison 2015/16 immer häufiger Anlass zu Diskussionen gab. Begründet wird diese Entwicklung mit dem Argument, dass das Spiel immer schneller wird und die Unparteiischen die komplexen Spielsituationen nicht mehr schnell genug erfassen können. Da ist sicher etwas dran.

Die FIFA hat ja nach der Europameisterschaft 2012 die Einführung der Torlinientechnologie beschlossen. Damit wird mit technischen Hilfsmitteln geklärt, ob der Ball die Torlinie vollständig überquert hat.

Es bleibt aber weiterer Handlungsbedarf. Immer wieder gibt es Streit um zu Unrecht gegebene oder verweigerte Elfmeter. Und es geht auch allzu oft um umstrittene rote Karten, die vom Schiedsrichter gezogen oder auch verweigert werden. Hier wird ja inzwischen die Einführung von Videobeweisen diskutiert. Die Zukunft wird zeigen, ob sich diese neuen Hilfsmittel durchsetzen werden.

Doch trotz aller Veränderungen - auch mit Blick auf Schiedsrichter-Entscheidungen - gibt es für mich keinen Zweifel: Ich bin fest davon überzeugt, dass viele der begnadeten Fußballer von einst. wie etwa Franz Beckenbauer, Berti Vogts oder auch Günter Netzer - um nur stellvertretend drei der Allerbesten zu nennen -, allemal im heutigen Profibetrieb mithalten könnten. Umso mehr, als dass sie von Kindesbeinen an ganz anders geschult worden wären - in einer Zeit, in der es ja praktisch keine Straßenfußballer mehr gibt, die den Sprung zu den Profis schaffen.

Der Triumpf in Brasilien

Nach dem Ausscheiden des deutschen Teams im Halbfinale der Europameisterschaft 2012 mit 1:2 gegen Italien war der Frust in Deutschland groß. Viele erinnern sich vielleicht noch daran, wie der italienische Stürmer Mario Balotelli arrogant und gockelig seine beiden Tore feierte.

Damals habe ich in einem Zeitungsbeitrag vor Forderungen gewarnt, nach denen Joachim Löw als Teamchef zurücktreten müsse. Ich schrieb in einer Kolumne für die Ärzte Zeitung: „Löw wird mit der deutschen Mannschaft konzentriert weiterarbeiten – und das erfolgreich. Viele Spieler sind noch jung, der eine oder andere talentierte Kicker könnte noch in den Kader stoßen. Unser Team wird weiter wachsen und sicher auch an Stärke gewinnen. Vielleicht haben wir dann beim Turnier in Brasilien genau das Quäntchen Glück, das man ganz einfach braucht, um ins Finale zu kommen und am Ende Weltmeister zu werden." Ich will nicht von mir behaupten, dass ich prophetische Gaben hätte, aber genauso ist es dann auch tatsächlich gekommen, Glückwunsch den Jungs, die bei der WM 2014 durch die Bank ein tolles Turnier gespielt haben. Ein weiteres Highlight in der Geschichte des deutschen Fußballs.

Und wieder einmal wurde bei dieser WM deutlich: Fußball ist ein Mannschaftssport. Ich sehe das Bild des begnadeten Kickers Lionel Messi vor mir, wie er als bester Spieler des Turniers nach dem Abpfiff beim Finale seine

Trophäe abholt – frustriert, unendlich traurig, untröstlich. Er wollte nicht der Allerbeste unter den Besten der Welt sein. Er wollte Weltmeister werden. Aber das wird man nun mal nicht als genialer Einzelspieler. Entscheidend ist die Qualität des ganzen Teams. Und da haben wir wieder einmal eindrucksvoll Maßstäbe gesetzt. Wir haben zum vierten Mal den WM-Titel geholt und freuen uns auf weitere große Erfolge des deutschen Teams. Wir sind eine Turniermannschaft, das wird auch in Zukunft nicht anders sein. Ich lege mich fest: Deutschland wird weitere internationale Titel gewinnen.

Nachwort

Es gibt keinen Menschen, der sich länger im direkten Umfeld der deutschen Fußballnationalmannschaft bewegt hat als Adolf Katzenmeier. Über Jahrzehnte hat er sie alle auf seiner Massageliege fit gemacht: Fritz Walter, Uwe Seeler, Franz Beckenbauer, Lothar Matthäus und Hunderte von Nationalspielern, die im Laufe der Jahrzehnte über eine kurze oder längere Phase das DFB-Trikot getragen haben.

Die Fußballnationalelf ist ein Aushängeschild unserer Nation. Welche überragenden fachlichen und empathischen Qualitäten muss wohl ein Physiotherapeut haben, der noch im Alter von 71 Jahren maßgeblich dafür Sorge trägt, dass von Millionen Menschen wertgeschätzte und kritisch beobachtete Hochleistungssportler körperlich vor jedem Spiel topfit sind und Spitzenleistungen abrufen können?

Als Journalist habe ich Adi 2010 bei der Arbeit an einem gemeinsamen Buch über Verletzungen im Fußball kennengelernt, das wir gemeinsam mit seinem alten Freund, dem Chirurgen Professor Hannes Wacha aus Frankfurt, veröffentlicht haben. Adi ist oft gefragt worden, ob er nicht Lust hätte, all seine vielen Erlebnisse mit der Nationalmannschaft zu veröffentlichen. Er hat immer abgelehnt. Aber nach unserer gemeinsamen Arbeit an dem Buch über Verletzungen entstand Vertrauen – und dann hat er mir seine Lebensgeschichte erzählt.

Viele Nationalspieler haben Adi auf der Massageliege im Laufe der Jahrzehnte ihr Herz ausgeschüttet. Sie haben über die großen und kleinen Probleme ihres Lebens gesprochen und sicher auch sehr persönliche Dinge verraten. Bei all den Gesprächen, die wir für dieses Buch geführt haben, wäre Adi niemals auf die Idee gekommen, auch nur im Ansatz Details zu verraten, die in irgendeiner Form irgendwelche Spieler nachträglich kompromittiert hätten. Bei Erlebnissen aus dem Umfeld seiner Arbeit hingegen, die mit seiner eigenen Familie zu tun hatten, legte er sich keine Fesseln an.

Adi ist leider sehr schnell im Oktober 2016 gestorben. Viele seiner Erinnerungen hatte er auf Bänder gesprochen – jetzt, vier Jahre nach seinem Tod, erscheinen sie verspätet und spiegeln deutsche Fußballgeschichte aus einer ganz besonderen Perspektive.

Es bleibt die Erinnerung an einen überaus bemerkenswerten und liebenswerten Menschen, der nicht groß über Prinzipien von Kameradschaft, Fairness, Hilfs – und Einsatzbereitschaft redete, sondern sie immer glaubwürdig lebte. Adi Katzenmeier war über mehrere Generationen ein echtes Vorbild und eine Art Vaterfigur für Fußballer, denen das gelungen ist, wovon seit Generationen unzählige junge Männer und Frauen in Deutschland träumen: Sie haben das Hobby Fußball zu ihrem Beruf gemacht – und sind zu Idolen einer Nation geworden.

Christoph Fuhr

Erinnerungen an Adi

Oliver Bierhoff, nach Adolf Katzenmeiers Tod am 19.10.2016:

„Die Nachricht von Adis Tod macht mich sehr betroffen. Mit ihm verbinde ich viele schöne Erlebnisse. Wegen seiner Kompetenz war er hoch angesehen, er war verlässlich und ehrlich. Und er war wegen seiner Hilfsbereitschaft und Menschlichkeit bei der sportlichen Leitung, Spielern und Betreuerkollegen beliebt. Adi wird uns allen fehlen. Wir haben viel erlebt, viel zusammen gelacht. Du warst immer für mich da. Ruhe in Frieden, Adi!"

Franz Beckenbauer:

„Schon als Spieler war er für mich sehr wichtig, weil es da um mich ging. Für mich als Teamchef wurde er aber noch wichtiger, weil es da um die Mannschaft ging. Adi war einer, der den Spielern, und nicht nur ihnen, Tag und Nacht selbstlos zur Verfügung stand."

Lukas Podolski:

„Wir haben viel erlebt, viel zusammen gelacht. Du warst immer für mich da. Ruhe in Frieden, Adi!"

Karl-Heinz Rummenigge:

„Ich bin tief getroffen über den Tod von Adi. Ohne diesen wunderbaren Menschen und seine heilenden Hände hätte ich viele Länderspiele verpasst."

Zeitfracht Medien GmbH
Ferdinand-Jühlke-Straße 7
99095 Erfurt, Deutschland
produktsicherheit@kolibri360.de